숲에서 길을 찾다

숲에서 길을 찾다

박찬인 산문집 4

충남대학교출판부

서문

전 국민이 입던 빨간 티셔츠, 너와 내가 없이 하나로 '붉은 악마'가 되던 해! 2002년 6월의 '붉은 신화'는 우리의 '빨갱이 콤플렉스'를 완전히 걷어냈었다. 빨간 티셔츠에 적힌 글귀가 "Be The Reds!" 이었지 않은가. 한 달 내내 국토 전체가 기다림과 설렘, 떨림, 어깨동무, 환희의 진동, 진한 감동과 공명 자체였다. 행복했다. 떨림이 떨림을 불러 공명을 이루면 기쁘다는 것을 알려주었다.

그렇다. 떨림은 내가 텅 빔을 전제로 시작하는 파동이다. 그러나 떨림을 전달받는 상대가 자신도 비어있음을 보여주면 떨림은 새로운 떨림을 부른다. 떨림이 떨림을 만나 함께 진동하는 순간부터 그것은 울림이 된다. 공명과 공감이 된다. 상대를 향하던 떨림, 대상을 향하던 떨림, 서로 만나 함께 울리던 공명의 그윽함. 동질을 넘어서던 균질의 그 울림을 우리는 한마음 혹은 하나 됨이라고 보아도 좋을 것이다.

2008년 봄, 시대착오적인 정부와 정권과 정책이 횡행하는 듯하자, 공명과 공감의 신화가 촛불로 다시 살아났다. 이번에는 더욱 진화한 모습으로 두 달을 넘어 일상으로 녹아든다. 더 깊게, 더 강하게, 더 사랑스럽고 더 다양하게! 촛불들은 무리지어 밝힌다. "먹을 걸 먹자고, 밀어붙이지 말라고, 목 좀 그만 죄라고. 너무 어둡다고. 과거를 배제한 미래는 없는 법이라고. 우리가 한 몸이라고."

산행을 하다보면 깨닫는다. 오르는 길이 있으면 반드시 내려가는 길이 있고, 한 동안 내려가면 다시 힘들게 올라가야 한다는 것을. 지금 우리나라는 어렵게 오른 길을 너무 쉽게 내려간다. 다시 오를 길이 걱정인 국민들이 촛불을 들었다. 더 이상 내려가면 안 된다는 것이다. 촛불이 어둠을 밝히니 어둠 속에서 '빨갱이'의 망령도 기웃거린다. 그러나 밝게 타는 촛불은 결국 망령을 쫓아낼 것이다.

정신없는 세월을 보내면서 말도 많아지고 헛된 글쓰기도 늘어났다. 이젠 부족함을 부끄럽게 여기지 않을 만큼 뻔뻔스러워진 것도 같다. 속물이 되어감에 틀림없다. 그걸 알기에 틈만 나면 산으로, 산으로 달려들었다. 전국의 숱한 산을 오르고 내리면서, 비 오듯 땀을 흘리면서 길을 찾고 있다. 그러나 길은 여전히 보이는 듯, 보이지 않는 듯하다. 가깝고도 멀다.

네 번째 산문집에 실린 글들은 2005년 하반기부터 2007년 말까지 여기저기 기고했던 글들이다. 1부는 나무와 숲, 자연에 관한 명상들을 모았다. 땀 흘리는 몸으로 썼으나 다분히 내성적인 수필들이다. 2부는 지역의 도시에 사는 시민으로서 고향과 향토에 관하여 관심을 가지고 말하고 사유한 것들이다. 3부도 크게 다르지 않으나 지역을 벗어나 일반화한 수필이 많다. 4부는 사회과학도들과 어울려 의견을 개진하고 발표했던 것들이다. 무식하면 용감하다고 했던가.

언제나 부족한 나를 관심과 배려로 지켜주시는 선·후배, 동료를 비롯한 모든 독자의 애정 어린 질책을 기다린다. 아울러 어려운 여건 속에서도 이 책이 햇빛을 볼 수 있도록 도와주신 출판사 모든 분들에게도 감사드린다.

2008년 초여름, 대덕에서
박찬인

차례

2
도시와 사람의 길

3
그 사잇길

4
그 길 너머

1
나무와 숲의 길

뿌리 찾는 순례

숲속에 있으면 숲이 보이지 않는다는 말이 있다. 정말 맞는 말이다. 자기에 빠져있으면 자기의 흉허물을 보지 못하고, 가정이나 지역에 갇혀 있으면 전체 세상을 못 보는 '가족이기주의자' 혹은 '지역이기주의자'가 되기 쉽다.

그러므로 우리는 자신의 자리를 잘 알고자 할 때 흔히 자신이 속한 곳을 떠난다. 자신의 근거가 되던 환경을 훌훌 털어버리고 벗어날 때 역설적이게도 자신의 근거를, 자신의 환경과 정체성을 더 잘 깨닫게 되는 것이다. 사는 곳을 벗어나는 여행이나 등산은 이런 의미에서 우리 삶의 뿌리를 찾게 해주는 좋은 선생님인 것이다. 아이러니컬한 것은, 세대를 이어가고 연계해 주는 자연의 한 종으로서 나는 어떻게 뿌리내리고 꽃피우고 열매 맺어야 하는가 하는 문제들을, 잠시 뿌리를 걷어 떠다니는 모습을 하면서 깨우친다는 사실이다.

등산을 갈 때 늘 겪는 일이지만 특히 나무뿌리는 많은 것을 생각하게 해준다. 암벽이나 바위 봉우리를 오를 때는 나무뿌리가 큰 도움이 된다. 수백 년 묵은 원시목의 뿌리는 거대한 암반을 부둥켜안으며 육중한 제 몸무게를 지탱하고자 땅속 깊이깊이 파고들어 있다. 등산객들에게 그의 뿌리는 굵은 것이든 가는 것이든 도처에서 밧줄이 되고 받침대가 되는가 하면 찬탄의 대상도 된다.

그렇다. 뿌리는 그래서 중요한 것이다. 우리가 뿌리를 뻗으려는 몸부림도, 상대방의 뿌리를 찾아 살피며 혼인하고 관계 맺는 것도 사실은 이 나무뿌리처럼 스스로를 지탱하고자 하는 본원적인 욕망이다. 객지에서 사는 사람들이 이제는 웬만큼 뿌리를 내렸다는 것은 그래서, 이제는 좀 살만하다는 것이다. 60년대 김수영의 시집이 『거대한 뿌리』인 것이나 80년대 알렉스 헤일리의 소설 제목이 『뿌리』인 것도 다 같은 이유인 것이다.

지난달 지리산에서 만난 수많은 나무뿌리들은 많은 생각을 하게 했다. '우리 가정의 뿌리는 어떨까. 아니 나의 뿌리는 제대로 박혀 있는가. 나는 과연 뿌리를 제대로 내렸는가. 혹시 아직도 착근을 못하고 여기저기를 더듬고 있는 것은 아닌가. 만약에 나의 잔뿌리가 여전히 헤매고 있다면 나를 통한 탐스런 열매는 기대할 수 없는 것 아닌가. 만약에 사람들이 이르길 '나'라는 나무가 이미 열매를 매달고 있다고 한다면, 난 그 열매를 실하게 익게 하기 위해서라도 뿌리를 제대로 뻗고 깊이깊이 파고들어야하는 것 아닌가.'

갑자기 내 한 몸이 단순한 한 몸이 아니라는 깨우침이 들었다. 그래서 뿌리를 생각하는, 뿌리를 생각하게 하는, 뿌리를 생각할 수밖에 없는 산행이 자꾸 좋다. 2005. 7. 4

적자생존과 공존공영

요즘 같은 가을이면 산에 오르는 것은 물론이고 강가나 들판을 거니는 것도 참 좋다. 어디를 가나 눈부신 햇살과 푸른 하늘 그리고 신선한 바람이 우리를 행복하게 한다. 흔히들 가을은 결실의 계절, 단풍의 계절이라고 한다. 마치 봄을 꽃의 계절로 단정하듯이 그렇다. 그러나 가을 들판을 걸어보고 가을 산에 올라보라. 이분법적이고 획일적인 우리의 단언이 얼마나 무참하게 깨지는 지 경험할 것이다.

개울가나 들판에는 녹색으로 꽃이 피는 비름, 명아주, 강아지풀, 돼지풀은 차치하고라도 고마리, 며느리밑씻개, 매듭풀, 각종 여뀌, 붉은 토끼풀의 꽃들이 점점이 핑크빛 수를 놓고 있다. 어디 그뿐인가. 코스모스, 백일홍, 분꽃, 쑥부쟁이, 벌개미취, 옥잠화, 향유, 유홍초, 들깨풀, 석잠풀이 앞 다투며 붉은색, 자주색, 보라색

꽃을 피운다. 거기에 여름부터 계속 피는 달개비, 호박꽃, 나팔꽃, 봉숭아, 접시꽃, 맨드라미, 해바라기도 더해진다.

산에 오르면 물봉숭아, 투구꽃, 용담, 갈퀴꽃, 골무꽃, 모싯대, 산오이풀, 산부추 등이 피어내는 꽃의 정령들… 아, 헤아릴 수 없는 꽃 천지이다. 이렇게 자연은 봄이면 봄, 여름이면 여름, 그리고 가을이면 가을대로 총천연색 꽃밭을 가꾸어 놓는다. 다만 편협한 인간이 공연히 꽃의 계절이 따로 있는 듯 무지를 들어낼 뿐이다.

자연은 나름대로, 생긴 대로 피어나며 쓸데없는 경쟁을 하지 않는다. 오히려 반대로 상호 보완적이다. 그렇다. 자연은 상부상조한다. '성격이 급한 너와 뒷심이 딸리는 너는 일찍이 봄에 피어나라', '짙푸른 잎이 무성한 너는 열매가 작아도 되니 오뉴월쯤 꽃을 피워라', '너는 큰키나무들의 잎에 이미 생기가 없어져 햇살이 숲을 투과할 때 쯤 피어라'라고 합의를 이룬 것도 같다. 물론 철철이 각종 곤충들도 나름대로 일주기를 살아가면서 식물들과 공생한다.

흔히 '자연의 법칙' 하면 약육강식과 적자생존, 자연도태로 대변되는 정글의 법칙만을 떠올린다. 그러나 산행을 즐기게 되면서 즉, 풀, 나무, 꽃에 관심을 가지게 되면서 깨닫는 것은 자연이 상호의존적이라는 점이다. 디지털 카메라에 담긴 풀과 꽃, 열매의 이름을 찾기 위하여 각종 도감과 관련 책자를 뒤적이다 보면 "그렇구나! 삼라만상이 서로 동행하는 동반자로구나" 하고 탄성을 내지르게 된다.

실제로 강자만 남는다면 먹이사슬의 기초가 되는 식물들은 어떻게 살고 초식동물들은 어떻게 잔존하였단 말인가. 이 지구상에는 오로지 크고 힘센 놈들만 있어야 할 것 아닌가. 그러나 세상이 그렇지 않다는 것은 너무나 자명한 일이다. 그렇다면 그 답은 어디에 있는 것인가. 그것은 바로 적자생존이라는 자연의 법칙보다 더 기본적이고 더 우월한 가치로서 자연에는 공존공생과 공영의 원리가 존재한다는 것이다.

우리는 아이들을 교육하면서 자주 자연의 법칙을 비유로 든다. 그러면서 우리는 자연을 왜곡하여 한 면만을 부각시킨다. 우리의 사회를 마치 약육강식의 법칙만이 존재하는 무한경쟁의 밀림 속이라고 말한다. 누군가의 말처럼 매일매일 출판계와 언론계가 앞다투어 "정글에서 어떻게 살아남을 것인가, 정글의 현 상황과 미래, 냉혹한 정글의 실태와 분석"에 대하여 이야기한다.

그러나 자연은 강한 자만이 살아남을 수 있는 참혹한 살육의 현장이 아니라 서로 도와가며 살아야 잘 살아남을 수 있는 공동체의 터전이다. 프랑스 작가 투르니에는 인간의 내면에는 짐승의 유산으로서 살인적인 아벨의 모습이 아니라 평화정착을 지향하는 세련된 전략을 타고난 카인의 식물적인 삶의 모습이 숨어 있다고 한다.

그래서 시인 도종환도 어디선가 말했다. "정글이란 말을 치열한 생존투쟁의 현장이란 의미로 사용하고 있는 우리들이 정말 살아봐야 할 곳 중의 하나가 숲속이다. 밀림이 조화와 평안함으로만 이루어져 있진 않지만 평화와 공생의 새 힘을 얻을 수 있는 곳이야말로 자연이며 결코 살육의 세상이 아니라는 것을 금방 알게 될 것이다." 2005. 9. 10

단풍, 공감각의 축제

가을 중에 적어도 한 달은 우리나라의 모든 산천과 방방곡곡이 축제의 분위기이다. 야트막한 구릉이건 암벽이 삐죽삐죽 솟은 높은 산이건, 구불구불 사행하는 강가의 버드나무든 옥계에 기울어진 생강나무든, 모든 나무와 풀들이 축제의 옷을 갈아입는다.

은행나무나 계수나무 잎처럼 진노랑색이 있는가 하면 단풍나무와 복자기 잎처럼 빨간색, 자주색도 있다. 당단풍과 벚나무 잎은 선홍과 주황, 갈색으로 추상화를 그리고, 참나무류는 좀 이르게 갈색의 농담濃淡으로 계절을 재촉한다.

매일매일 출근하는 교정에서도 그렇지만 주말에 찾아나서는 각지의 유명산에서는 팔레트를 엎지른 듯 온갖 색조가 어울려 활활 타오른다. 노랑, 주황, 선홍, 빨강, 자주, 다갈색의 무궁무진한 배합과 조화다. 정말 "아, 아름다운 강산이여!"

설악산의 한계령과 흘림골, 천불동, 속리산, 청량산의 암벽 단풍에서는 적록과 황록의 대립이 보인다. 흑갈색 혹은 흑회색, 이따금씩 물이 배인, 바위벽을 배경으로 청아한 소나무 몇 그루가 솟아있고, 주변에 붉은 물을 뚝뚝 떨어뜨리는 듯 단풍나무가 단아한 수를 놓고 있다. 김홍도의 「총석정」이나 정선의 「만폭동」에 그려진 암봉과 소나무에 이 가을의 유채색 대립이 더해졌다면 그 그림들은 얼마나 더 화려했을까 하는 상상에 얼굴도 달아오른다.

설악산의 수천 봉우리들, 가까이로는 계룡산이나 대둔산과 멀리는 선운산, 내장산과 월악산의 기기묘묘한 봉우리들이 만드는 가을 풍경은 돌(바위)과 나무의 신비한 대조와 대비이다. 어쩌면 그렇게 바위와 나무가 잘도 어울리는지 눈길이 닿을 때마다 탄성의 연속이다. 아마도 바위는 나무를 보며 '무상'을 느끼고 자위할 것도 같다. 그러자니 저절로 윤선도의 「오우가」 한 소절이 입가에 맴돈다.

> 고즌 므스 일로 퓌며셔 쉬이 디고
> 플은 어이 하야 프르난 닷 누르나니
> 아마도 변티 아닐산 바회뿐인가 하노라

능선과 봉우리의 단풍과 달리 계곡 물위에 비치는 단풍은 더 곱다. 충분한 수분을 공급받아서인지 먹고 싶을 만큼 깨끗하고 투명한 색이 햇살에 부서지면 아, 세상을 잊는다, 세월을 잊는다. 청류에 떠내려가는 단풍잎과 깊고 푸른 소沼에 모여 뭍인 듯 떠있는 가을 잎들은 세상사에 찌든 속내를 정화시키기에 충분하다. 오, 청정의 다의성!

어디 그뿐인가. 바람이 불면 대기의 파장에 몸을 실은 단풍이 가을을 더 멀리 퍼뜨린다. 마른 오동잎과 떡갈잎은 언제 바람이 할퀴고 지났는지 느닷없이 툭, 툭, 둔중한 소리를 내며 떨어지지만, 찬바람에 삭정이가 흔들리면 물푸레나무나 사시나무 같은 나무의 물든 잎들은 금붕어 떼 비늘처럼 반짝거리며 우수수수 바람에 날린다. 우수수수 우주에 파동을 일으킨다. 그러면서 팽팽한 대기의 전율을 온몸에 전한다. 시각적 단풍이 청각을 거쳐 촉각으로, 온몸으로 느껴지는 순간이다.

늦가을 이른 아침 길을 나서면 더 신비한 세계를 만난다. 새벽은 새벽대로, 햇살이 퍼질 무렵이면 그 무렵대로, 호수나 계곡 위에 안개가 피어나는 것이다. 수면에서 피어나는 안개와 안개가 걸린 봉우리, 안개 속의 뿌연 단풍, 이따금씩 그 장막을 투과하는 가을 햇살… 그리고 시간이 조금 더 지나면 느릿느릿 품을 파는 인간들… 이쯤 되면 단풍을 보는 눈에서 출발한 신경계의 자극이 촉각을 거쳐 후각마저 동원하며 이른 바 공감각의 신비한 변주곡을 연주한다.

그렇다. 축제란 이런 것이다. 온갖 색상에 모든 감각이 취하는, 그래서 색이 소리가 되고 떨림이 되고, 냄새가 되는 마당이다. 언제고 어디서고 그것들이 서로 교응하는, 그리하여 심장의 박동이 느껴지고 정신이 아찔해지는 마당. 그 결과 삶의 뜨거움을 체험하면서 뭉치고 맺힌 것이 풀어져 카타르시스가 되는, 몸과 마음이 들리는 마당! 이번 가을도 정녕 한바탕 축제였다. 빨강, 노랑, 선홍빛 물이 드는 축제였다. 2005. 11. 8

봄에 입은 화흔

가수원도서관 뒷길로 올랐다. 마음이 급했다. 군데군데 진달래는 벌써 피어있었다. 진달래를 볼 때마다 느끼는 것이지만 진달래는 사실 처량한 꽃이 아니다. 한 그루면 한 그루인대로, 모였으면 모인대로, 암벽을 덮었으면 또 덮은 그대로, 화사하고 화려한 꽃이 진달래라는 생각이다.

구봉산에 불이 났다는 뉴스를 언뜻 스쳐가며 들은 것이 3월 마지막 일요일 저녁인가보다. '구봉산이 얼마나 예쁜 산인데… 4월에 피는 진달래 봉우리는 이제 어쩌란 말이냐… 대전둘레산길잇기의 4월 안내산행도 구봉산구간인데…' 뉴스를 들은 순간부터 노심초사 걱정이 계속되었다. 하지만 안타깝게도 학기 초라서 도통 시간이 나질 않았다.

열흘쯤 지난 어느 목요일, 수업 없는 틈을 타서 무조건 구봉산을 향했다. 얼마나 탔는지, 구각정(구봉정)과 신선봉을 중심으로 한 그 많은 진달래 봉우리는 과연 사라졌는지, 마음이 초조하고 급했던 것이다. 문병을 가는 부모나 친구의 마음 바로 그것이었다. 다행히 도서관에서 동방여고 뒷길로 오르는 능선, 예비군 교육장을 거쳐 구봉터널 위로 구봉산 주능선과 만나는 등산로에는 이상이 없었다. 다소 마음이 진정되었다.

호남선 철길 쪽에서 올라오는 주능선과 만난 후 서쪽으로 방향을 틀었다. 다행히 오고가는 산행인구가 꽤 많았다. '어! 이상하다! 불에 탔다면 이렇게 사람들이 많을까? 표정도 태연한데…' 의혹이 생기면서 동시에 안도의 믿음이 쌓이는 묘한 심리상태를 체험했다.

헬기장을 거쳐 산불초소에 오르니 멀리 구각정이 보이고 그 뒤로 신선봉이 보였다. 분명 그곳까지는 소나무 색이 선명했다. 휴! 안도의 한숨이 새어나왔다. 이쯤 되니 주변에 핀 생강나무꽃이며 진달래더미, 발아래 현호색과 제비꽃이 눈에 들어왔다. '그래, 봄이구나! 생강나무꽃은 생각보다 괘 오래 피는구나, 아, 잎눈도 꽤 커졌는데… 곧 잎도 피겠네!' 마음에 여유가 생기니 세상이 눈에 들어왔다. 참, 묘한 이치였다.

구각정에 도착하니 한 무리의 산행객들이 맛있는 점심식사를 하고 있었다. 가슴마다 경남 ○○산악회라는 패찰이 붙어 있었다. '대전 구봉산이 이렇게 유명한 산인데… 불이 나면 아니 될 일이지…' 자부심도 생겼다. 대전의 하회마을인 노루벌을 둘러보니 풍경은 절정의 봄을 향해 내달리고 있는 듯 했다.

서쪽으로 이어진 연봉을 살피자니 '아, 저기구나!' 싶은 시커먼 봉우리가 눈에 들어왔다. 동편부터 치자면 일곱 번째나 여덟 번째쯤 되는 봉우리 같았다. 분명히 화재의 흔적이 뚜렷했고 타다 남은 소나무는 누렇게 변해 있었다.

단숨에 달려갔다. 아직도 화재의 냄새는 가시지 않았고 봉우리 하나가 완전히 그을려 있었다. 봉우리에 오르니 타다 남은 둥치들, 그을린 솔가지, 싹수없어진 새싹들… 처참하기 그지없었다. 그나마 다행인 것은 탄 자리가 그렇게 넓지는 않다는 것뿐이었다.

그 봉우리에 무슨 불씨가 있었겠는가? 분명 등산객의 담배꽁초가 원인이었을 것 같았다. 아, 정말 산 속에서 숲 속에서 담배를 피우면 안 된다. 이 봉우리가 회복되는데 얼마나 시간이 걸릴까. 산불로부터 산을 지키는 것은 정말 절박한, 그리고 당위적인 '산과의 약속'이라는 생각을 하며 내려왔다. 그나마 정말 다행이라는 생각을 하면서. 2006. 4. 10

대전의 생명, 둘레 산

대전은 산으로 둘러싸인 분지이다. 80년대까지는 식장산, 보문산, 계족산이 오늘날의 구도심을 에워싸고 있었다. 그 한복판을 유일한 하천 대전천이 가로지르며 흘렀다. 인구 30만 남짓한 지방의 아담한 중소도시였다. 80년대 이후 이른바 근대화와 도시화가 급속하게 진행되면서 인구도 늘어나고, 빌딩이 세워지고, 도시면적 즉 콘크리트 면적이 넓어졌다.

2006년 6월 현재 대전의 인구는 약 150만에 달하고 면적 또한 서울특별시를 제외하고 가장 넓다. 유등천에 이어 갑천이 대전의 중심에 놓이게 되어 대전에 3대 하천이 흐르게 되었다. 계족산 북동 끝자락에서, 보덕봉과 오봉산, 금병산, 우산봉과 갑하산, 수통골의 계룡산, 구봉산, 사정공원, 보문산에서 이어지는 만인산 등이 오늘의 대전을 둘러싸는 울타리가 되었다.

대전이 5대 광역시에 속하면서 모든 거리는 포장되고 도시는 아파트 숲으로 덮였으며 마을과 동네 개념이 사라졌다. 소득은 올랐다고 하나 시민들의 삶은 팍팍해지고 이웃과의 소통은 단절되었다. 산업화와 도시화에 익숙해진 시민의 시선은 늘 도심을 향하면서 잿빛 콘크리트 건물 속에서 무언가 갈망했고 또 좌절했다.

만 7년 전이던가. 대전 시민 사회에서 생명을 갈망하는 움직임이 일었다. 생명의 자연, 자연의 생명을 찾아 가꾸고 지키려는 운동이었다. 자연친화적인 생명의 숲 운동이 확산되면서 이제 대전을 둘러싼 생명에, 대전의 산소 탱크에, 대전을 둘러싼 산들의 무한한 가치에 시선이 모아졌다. 이른바 '대전둘레산잇기'운동이었다.

대전을 둘러싸고 있는 산들을 연결하여 시민에게 돌려주자는 이 운동은 시민들의 열렬한 지지와 성원을 받았다. 총연장 약 120킬로미터의 둘레 산을 12구간으로 나누어 한 달에 한 구간씩 답사를 하고 시민과 함께 안내등반을 시작하였다. 1년 만에 대전을 한 바퀴 돌았다. 지난해 초가을 역순으로 대전을 한 바퀴 더 돌기로 했다. 매월 셋째 주 일요일에는 적어도 60~70명의 가족단위 시민들이 모여 둘레 산을 돌며 생명의 숲에 관하여, 대전의 역사에 관하여, 그 속에 살던 인간들에 관하여 듣고 배우길 반복한다.

지난 6월 18일에도 제 8구간 '빈계산 ~ 삽재' 구간의 등반이 있었다. 여전히 많은 시민들이 참여하였다. 달포 쯤 전 수통골을 찾았던 사람들은 기억할 것이다. 너무나 많은 나비 유충과 나방이 유충이 나뭇잎들을 다 갉아 먹고, 여기저기 나뭇가지에서 실을 늘

어뜨리고 매달려 꿈틀거렸었다. 제대로 산행을 할 수 없을 만큼 많은 개체 수였기에 산을 망치지나 않을까 걱정도 적지 않았다. 그러나 이번에 보니 모든 나무가 새로운 잎으로 눈부시게 푸르렀다. 자연의 복원력, 아니 말 그대로 자연의 생명력은 경이로웠다.

뿐만이 아니었다. 얼마 전에 꽃을 피웠는가, 잎이 돋았는가, 했던 나무, 덩굴, 풀에는 언제 그렇게 자랐는지 굵직한 열매들이 탐스럽게 달려있었다. 인간이 짧기만 하다고 아쉬워하던 그 봄에, 불과 두세 달밖에 안 되는 그 같은 기간 동안 대자연은 이렇게 보란 듯이 무에서 유를 창조해 놓았던 것이다. 오직 햇빛과 바람과 물과 흙만을 가지고 생명의 신비를 펼쳐 보이는 것이다.

산에 다니면서 항상 느끼는 것이지만 자연은 정말 늘 새롭고, 늘 알 수 없고, 그래서 늘 신비롭다. 그래서 늘 최고이며 원천이며 생명이다. 그날도 '대전둘레산잇기'에 참여한 시민들 모두가 숲의 생명에 감탄하며 산행을 하였으나 사실은 그들이 이미 더욱 싱싱한 생명이었다. 2006. 6. 20

자연의 분노

이번 가을에도 설악산을 세 번이나 찾았다. 한번은 오색에서 대청봉, 소청봉, 수렴동계곡을 거쳐 백담사가 있는 내설악으로, 한번은 오색에서 대청봉, 희운각, 천불동계곡을 거쳐 외설악으로, 세 번째는 흘림골, 등선대, 주전골을 거쳐 오색으로 나오는 남설악을 탔다. 산이 좋아 아무 산이라도 찾아다니지만 특히 가을에는 설악산이 너무 좋다.

산에서 깊은 숨을 들이쉬며, 혹은 헉헉거리며 나무뿌리를 잡거나 바위에 의지할 때 '이 바람과 공기, 나무와 바위, 심지어는 햇살이나 구름마저 나의 일부이구나!' 또는 '아, 정말 인간은 자연의 부분이구나! 저 물소리, 저 새소리 속에 내가 있구나!'라고 절감하게 된다. 다양성의 조화와 균형, 합일을 체험하면서 늘 느끼고 배운다. 그것이 진한 차 맛에 못지않은 진정한 '산 맛'이다.

그러나 이번 가을에는 인제에서 양양에 이르는 한계령 국도를 지날 때마다, 설악의 골짜기 골짜기를 밟을 때마다, 참담하고 절통한 마음을 억누를 길이 없었다. 지난여름의 폭우로 인하여 수많은 산사태가 있었고, 몇 톤씩 되는 바위와 토사가 쓸려 내리면서 아름드리 나무가 뿌리째 뽑혀 나뒹굴었다. 그 상흔은 멀리서 보아도 흉측했고, 가까이에서 보면 너무나 끔찍하고 참혹했다. 하물며 집도 밭도 다 쓸려간 사람들의 심정이야 어찌 헤아리랴.

그 처참함 앞에서, 아니 정확하게 표현하자면 그 '자연의 분노' 앞에서, 개발이라는 것, 발전이라는 것, 혹은 문명이라는 것이 무엇인가 반성하게 되었다. 사실 우리는 오늘날 전과 비교할 수 없는 속도로 기후에 영향을 주고 바다를 오염시킨다. 또 이에 비례하여 자연이 파괴되고 숲과 개펄, 생물종과 문화가 말살되고 있나. 파괴력의 규모와 속도가 이렇게 엄청난 적은 일찍이 없었다. 한 마디로 지금 우리 눈앞에서 자연의 생명부양체계가 붕괴되고 있다.

지금 규모와 권력에 있어 정부를 능가하는 거대한 다국적 기업(포드와 GM의 판매액은 사하라 이남의 모든 아프리카 국가의 GDP총액보다 높다.)은 어떠한 비용을 치르든지 이윤을 추구하려는 욕망에 사로잡혀 있다. 사실은 그들이 바로 세계화 추진세력인데, 그 세력의 위협에 의하여 사람들이 땅으로부터 뿌리 뽑히고, 공동체가 붕괴되고, 지구촌 곳곳의 자연이 파괴되고 사라지고 있다. 우리나라의 개발지상주의자들도 예외가 아니다. 자본과 에너지 집약적 성장은 자연의 파괴와 생태계 교란에 눈감고 귀 막고 있다. 설악의 이 상처들은 어쩌면 자연의 작지만 강한 경고이거나 복수의 작은 징후일지도 모른다.

돌아오는 버스 안에서 이번 가을에 읽은 내용들이 우울하게 떠올랐다. 헬레나 노르베르-호지의 『오래된 미래』, 존 에이브러험즈의 『사우스 마운틴 이야기』, 앙성댁 강분석이 흙에서 일군 삶의 이야기 『씨앗은 힘이 세다』, 산골로 간 CEO 이대우의 『새들아, 집 지어줄게 놀러오렴』, 전우익의 『혼자만 잘 살믄 무슨 재민겨』, 그리고 박경화의 『도시에서 생태적으로 사는 법』… 2006. 10. 26

잃어버린 낙원의 회복

대부분의 대전시민은 도시생활을 한다. 아파트나 벽돌집에서 눈을 뜨고, 포장된 도로 위를 지나고, 커다란 철근 콘크리트 건물 속에서 매일같이 일한다. 이것이 일상이고 나아가 당연한 일생이 되었다. 하지만 우리가 자연스럽게 받아들이는 도시생활도 사실은 50년 남짓한 역사밖에 갖고 있질 못하다.

인류의 역사를 최대 500만년이라고 한다면 도시생활의 역사는 0.001%에 불과한 셈이다. 인류가 진화한 99.999%의 기간 동안에 인류는 도시가 아닌 곳에서, 다시 말하면 숲에서 살아왔다. 말을 바꾸면 인류는 나무 곁에서 나무와 더불어 살아왔다는 말이 된다. 그래서인지 우리 현대인들도 나무 그늘에 들거나 숲을 찾으면 몸과 마음이 편안해지고 숨통이 트인다.

숲이란 무엇이며 나무란 무엇이기에 그럴까. 우선 우리에게 산과 동일시되는 숲은 생물다양성의 보물창고이며 천연자원의 생산 공장이다. 특히 공해에 시달리는 현대인에게 숲은 성능 좋은 공기정화기이며 산소공장이고, 동시에 건강증진센터이며 안락한 휴식처이다. 또한 숲은 정적의 공간을 만들어주는 방음벽이며 맑은 물을 붙들어두는 녹색 댐이기도 하다. 그래서 숲은 온갖 생명을 순환시켜주는 다양한 생명체의 유기적 터전이며 삶의 보금자리이다.

숲을 이루고 있는 나무. 그것은 우선, 완전한 우주의 상징이다. 나무는 재생 없이 죽어가는 동물과 달리, 성장하면서 꽃과 잎을 떨어뜨렸다가 다시 피운다. 나무는 무한히 재생한다. 여기에 나무의 성스러움이 있다. 그래서 나무는 인간과 신을 연결하는 매개자가 된다. 우리의 건국설화가 "신단수神檀樹 아래에 신시를 연" 것으로 시작되는 것은 우연이 아니다. 나무는 신이 땅으로 강림하는 통로였다. 동시에 당산나무 앞의 치성이 보여주듯 나무는 바로 인간의 기원이 하늘로 올라가는 통로이기도 하였다.

나무는 문학적으로 말하자면 빛과 어둠의 조화이다. 나무는 빛을 향하여, 밝음을 향하여 가지를 뻗는다. 그럴수록 그 뿌리는 더 깊은 어둠을 향하여 파고 들어간다. 하늘세계를 향하여 나아갈수록 지하세계를 부둥켜 끌어안아야 한다. 밝음과 어둠, 천상과 지하가 나무의 몸에서 균형을 이루며 서로 교통한다.

나무는 또한 평화의 상징이다. 일반적으로 동물은 남성과 여성으로 나뉘어져 있지만 식물은 양성을 함께 가진다. 성이 분화된 동물계는 끝없는 싸움이 있으나 양성이 공존하는 식물계에는 언제나 싱그럽고 쾌적한 평화가 깃든다. 즉 식물계의 대표로서 나무는 갈등과 대립의 이원성에 대한 극복을 상징한다. 통합의 이미지이다.

평화와 조화의 세계, 영원한 생명의 세계로서 숲은 따라서 지상낙원이다. 낙원으로부터의 추방에서 비롯된 인간의 전락은 곧 나무가 없는 곳으로 유배당한 것이다. 불모의 사막은 현대사회에서 아파트촌으로 형상화된다. 그리하여 메말라진 인간은 마침내 나무를 인간의 전락 이전의 메타포로 삼는다. 얼마나 많은 로고들이 나무와 인간을 동일시하는가.

이렇듯 숲에서 쫓겨난 인간은 나무를 그리워하고 동경한다. 에덴동산을 곁에 두고자 정원을 만들고 숲을 가꾼다. 나무를 키운다. 하늘에 이르고자 하는 꿈도 키운다. 이런 의미에서 대전시의 3천만 그루 나무심기 운동은 생명의 도시로 나가자는 생태복원운동이며 동시에 잃어버린 낙원을 되찾자는 실지회복운동이다.

2020년까지 매년 200만 그루의 나무를 심겠다는 야심찬 이 사업은 첨단과학도시와 더불어 생태도시라는 대전의 차별적 정체성 제고의 근간이 되는 운동으로 보인다. 3천만 그루의 나무를 심음으로써, 도시 면적의 절반 이상을 차지하는 개발제한 녹지공간을 보존함으로써, 대전의 중심을 관통하는 3대 하천을 살림으로써, 그리고 120여 킬로미터에 달하는 대전의 둘레 산, 숲을 활용함으로써, 대전은 최고 생태도시로서의 정체성을 구현할 수 있다. 자연의 생명력 복원과 친환경은 21세기가 지향하는 화두이지 않은가.

시인 정현종도 이미 일깨워주었다. "나무들은/ 난 그대로가 그냥 집 한 채/ 새들이나 벌레들만이 거기/ 깃든다고 사람들은 생각하면서/ 까맣게 모른다 자기들이 실은/ 얼마나 나무에 깃들여 사는지를!" 2006. 11. 17

산에 가는 이유

산에는 정치가 없다. 여당이나 야당도, 부패의 사슬이나 개혁의 대상도 없다. 가식이나 욕설도 있을 수 없고, 음모와 술수는 더욱 자리할 곳이 없다. 있는 것이라곤 오직 조화롭게 살다 가는 자연의 종들과 그들에 어울리는 물, 돌, 바람, 햇살, 그리고 향기이다.

산에는 경제도 없다. 주가가 내리든 유가가 폭등하든 상관없다. 그 어떤 나무나 풀도 사재기를 하면서 유통구조를 마비시키지 않는다. 산짐승이나 새들이 공적 자금을 빼돌렸다는 이야기를 들은 적이 없다. 모든 생명체가 주어진 조건에서 최선을 다하며 살아갈 뿐이다.

종교적인 갈등도 거기에는 없다. 기독교 근본주의나 과격한 이슬람이 산 속에는 없다. 굵은 뿌리들이 할아버지 손등 같이 겉으로 드러난 채, 흙을 보듬고 나무를 지탱할 뿐이다. 커다란 암벽과 그 위의 나무들이 생명의 충실함을 보여줄 뿐이다. 맑고 투명한 정령이 거기 깃들어 있는 듯 보일 뿐이다.

산에는 성급함이 없다. 욕심이 없으니 경쟁도 없다. 순서대로 싹 트고, 꽃피우고, 잎 피우고, 단풍드는 것이다. 산을 오르는 사람들도 이를 배운다. 다투지 않는다. 앞서면 앞에 가고 힘들면 쉬었다 간다. 비록 땀을 흘려 정상에 서지만 오래 머물겠다는 욕심이 없다. 내려와야 함을 알기 때문이다.

산 속에 서면 고급과 저질이 없다. 고급한 다람쥐가 있는 것이 아니고 저질의 나비 애벌레들이 사는 것이 아니다. 우람하게 자란 참나무와 소나무는 고품격이고 여뀌나 고마리, 환삼덩굴은 저품격인 것이 아니다. 앞선 사람이 우등하고 뒤따르는 사람이 열등하지도 않다. 황대권도 『야생초 편지』에서 말했다.

"자연 속에는 생존을 위한 몸부림은 있을지언정 남을 우습게 보는 교만은 없다. 우리 인간만이 생존경쟁을 넘어서서 남을 무시하고 제 잘난 맛에 빠져 자연의 향기를 잃고 있다. 남과 나를 비교하여 나만이 옳고 잘났다며 뻐기는 인간들은 크건 작건 못생겼건 잘생겼건 타고난 제 모습의 꽃만 피워내는 야생초로부터 배울 것이 많다"라고.

산에는 있는 것들도 많다. 골짜기를 흐르는 물의 속삭임, 나뭇잎을 어루만지거나 흔드는 바람소리, 철에 따라 음색과 멜로디가 바뀌는 새의 노래, 날마다 모양과 색상과 향기를 바꾸는 수많은 꽃. 그리고 입보다는 눈을 유혹하는 각종 열매들…

그러나 산에 있는, 더 좋은 건 길이다. 산에 가면 가는 길이 있어, 갈 길이 보인다. 가고 있는 길에 믿음이 있다. 이미 갔던 사람들에 대한 의심이 없다. 그래서 산이 좋다.

겨울의 행복

겨울산행을 하다보면 기대하지 않던 순백의 아름다운 풍경 속에 넋을 잃는 경우가 종종 있다. 지난 1월 남덕유산을 찾았을 때도 그랬다. 대진고속도로 덕유산 IC에서 나온 우리는 안성면을 지나 계북면 양악리에서 좌회전하여 토옥동 계곡으로 접어들었다. 일반 등산로에는, 국립공원 입장료가 없어진 후의 일요일이라서, 사람이 꽤 많을 것 같았기 때문이다.

양악저수지를 얼마 지나지 않아 나타난 송어횟집 마당에 차를 댔다. 토옥동 계곡 초입이다. 한겨울 아침 9시가 안 지난 터라서 인적이라곤 찾을 수 없었다. 비록 눈이 적은 겨울이었으나 백두대간의 산발치답게 그곳에는 제법 눈이 쌓여 있었다. 경운기가 다닐 만한 넓은 길을 한 10여 분 오르니 철제 다리가 나타났다. 그 다리를 건너 곧장 오르면 남덕유산과 삿갓봉 사이의 월령치에 이른다. 그 길도 물론 출입이 금지된 등산로이다.

철제 다리 앞에서 우측 계곡을 따라 정남향으로 방향을 틀었다. 덕유산을 정말 잘 아는 산꾼들만 다니는 길이다. 20여 분 계곡을 따라 오르다가 우측 비탈을 쳐 오르며 산줄기를 따라 올랐다. 최소한 무릎까지 푹푹 빠지는 눈길이었다. 아니 차라리 눈밭이라는 표현이 옳다. 왜냐하면 앞선 발자국이라고는 전혀 없었기 때문이다. 사람이 다닌 곳임을 알려주는 것은 이따금씩 보이는 빛바랜 표식(시그널)뿐이었다.

온몸에 온기가 돌고 땀이 흐르기 시작할 즈음이던가. 아니! 눈 앞에, 우리가 가려는 길 앞에 선명한 발자국이 찍혀 있었다. 눈에 찍힌 깊이나 간격으로 봐서 산토끼는 아니었다. 그렇다고 육중한 멧돼지 발자국도 아니었다. 그건 아마도 고라니이거나 그 정도 무게를 가진 어떤 동물의 것이었다. "아, 인간이 다닌 길을 동물도 다니는구나!" 아니 "동물이 간 길을 인간이 따라가는구나!" 어쩌면 당연한 감탄을, 어쩌면 평생 처음 내뱉었다.

그렇다. 상당한 세월동안 인간과 동물은 길을 공유했을 것이다. 서로의 냄새를 경계하면서, 또는 서로의 흔적을 추적하면서, 인간과 동물은 시차를 두고 같은 길을 다녔을 것이다. 현대인이 상상할 수 없는 그 모습은 얼마나 자연스러우며 동시에 얼마나 낭만적인가.

따사로운 햇살에 봄인 양 착각하면서 두 시간 이상을 올랐을까. 11시 방향에 서봉, 이른바 장수 덕유가 보이는 무명의 한 봉우리를 점령했다. 그곳에서는 덕유산의 전체 능선이 한눈에 조망되었다. '기역'자를 거스르는 방향으로 몇 개의 봉우리를 넘으면 11시 방향에 서봉. 그 건너편에 남덕유. 그곳에서 출발한 능선은 오르고 내리고를 반복하며 북북동으로 내달아 저 멀리 북덕유의 향적봉에 닿아있었다.

덕유 종주능선! 그것은 산봉우리가 흘러가는 길이었고, 대간의 마루 금이 그어 놓은 길이었다. 한눈에 잡히지 않는 지리산과는 다르게, 암봉이 기기묘묘한 설악산과도 다르게, 덕유산은 그렇게 덕德스러움을 내뿜으며 부드럽고 넉넉하게裕, 당당한 몸을 펼치고 있었다. 하얀 속살을 드러내고 있었다.

이제 몇 개의 봉우리를 오르고 내리며 서봉을 향했다. 능선의 바위에는 눈이 녹아 있었고 언제부터인지 우리를 안내하던 발자국도 사라졌다. 그러나 군데군데 진달래와 철쭉을 비롯한 관목들이 뿌리째 뽑혀 나뒹굴고 있었다. 한 자를 넘어 어느 곳에는 두 자 깊이까지 언 땅이 파헤쳐져 있었다. 분명 멧돼지 떼가 먹이를 찾고자 한 짓이었다. "소문대로 멧돼지가 많이 있구나! 이 겨울에 뭐 먹고 살까…"

날씨가 너무 좋았다. 문득 한 주 전의 눈보라가 떠올랐다. "자주 산에 다니다 보면 뜻하지 않게 엄청난 눈발을 만나는 수가 있다. 지난 1월 6일 계룡산에 들었다가 만났던 눈보라와 북풍이 그런 경우였다. 쌀개봉 능선에서 시산제를 지낼 때에는 숨쉬기 힘들 정도로 바람이 매서웠고 주먹만 한 눈송이가 흩뿌렸다. 삽시간에 발목까지 눈이 쌓이고 한치 앞이 안보였다. 그러나 회오리치는 눈보라 속에서도 계룡산은 절경을 연출하고 있었다. 겨울

산의 진수였다."

서봉, 즉 장수 덕유산에 이르자 사람들이 보였다. 한꺼번에 수십 명이 왁자지껄 했다. 이들은 함양군 서상면의 영각사나 장수군의 육십령에서 올랐을 것이다. 그곳까지 어느 한 사람도 만나지 못하고 적막함 속에서 산행을 했었다. 갑자기 인간의 소음이 생소했다. 컵라면 냄새도 역겨웠다.

건너편 남덕유산을 거쳐 월성치를 향해 북진하는 길은 북향이어서 눈 비탈의 연속이었다. 오가는 사람들이 적지 않건만 길 위의 눈은 여전히 쌓인 채 미끄러웠다. 월령치에서 북으로 직진하면 삿갓봉으로 향하고, 우회전하여 내려가면 바른골을 거쳐 황점, 월성계곡에 이른다. 우리는 좌측으로 방향을 틀어 하산을 시작했다. 샘터를 지나 계곡을 따라 양악폭포를 거쳐 아침의 그 철제 다리에 이르는 길은 또 다시 호젓했다. 오직 눈이 밟히는 소리와 바람소리 그리고 삭정이 가지들의 노랫소리뿐이었다. 푸른 하늘에 흰 구름이 정적을 더했다. 15킬로 남짓한 눈 쌓인 산길, 겨울 숲길이었다. 겨울의 행복이었다. 2007. 2. 12

진달래, 그리움의 꽃

한반도의 4월은 정령 꽃 대궐, 꽃 천지이다. 성급한 산수유와 목련은 겨울의 냉기가 가시기도 전에 이미 피었다. 개나리와 벚꽃이 피고 지는가 싶더니 복숭아꽃, 살구꽃, 배꽃과 조팝나무꽃이 줄을 이었다. 어디 그뿐인가. 잔디밭에는 민들레와 제비꽃, 꽃마리와 꽃다지, 금강봄맞이가 여기저기 꽃방석을 이루었다. 들판이나 논둑으로 나가면 각종 냉이와 광대나물, 개불알풀꽃, 애기똥풀, 주름잎이 지천이다.

누구든지 마음과 영혼을 사로잡는 봄의 유혹으로부터 자유로울 수는 없으리라. 아, 봄의 교향악이 들려주는 현기증! 이 아찔한 화엄경! 그러나 이 모든 꽃들 중에서 올해에도 어김없이 애잔한 그리움으로 내 마음을 사로잡는 것은 역시 진달래이다. 산등성이마다 진달래가 연분홍 수줍은 얼굴을 내밀면서 청초함을 전하면 나는 또다시 봄을 앓는다. 밑도 끝도 없는 갈증과 아쉬움, 괜한 고독과 한숨으로 내겐 비로소 4월이 또 잔인한 달이 된다.

별도의 놀이 시설이 없던 꼬마 시절, 동네뿐만 아니라 앞산과 뒷산이 모두 우리 어린 삶의 터전이었다. 고만고만한 노래들이 어울려 칡뿌리를 캐면서, 더러는 편을 갈라 놀이를 하면서 우리는 산속을 헤매었다. 이맘때쯤이면 바위틈에 얼굴을 내민 진달래가 우리의 친구이자 장난감이며 먹을거리였다. 진달래 꽃송이를 한 움큼 따 입에 넣으면 텁텁한 듯 하면서도 시큼한 맛이 우러나왔다. 메마른 입 속에 침이 돌았다. 시금털털한 맛 말고 별 맛이야 있었을까마는 우리는 입술이 파래질 정도로 진달래를 따먹곤 했다.

할머니를 따라 산에 갔을 때 할머니는 진달래꽃을 따주며 먹을 수 있는 꽃이라서 참꽃이라고 말했다. 할머니가 광주리 하나 가득 그 참꽃을 채우는 동안 나는 할머니를 거들었다. 시간이 지루하던 어느 날에는 꽃송이를 찬찬히 들여다 본 적도 있었다. 그 때 나는 진달래꽃 수염이 나비의 더듬이처럼 길다는 것을 느꼈고, 10개라는 것을 알았다. 나중에 자연시간에 들으니 그것은 진달래꽃 수술이었다. 할머니는 참꽃으로 술을 담갔다. 두견주랬다.

사춘기에 애잔하게 마음을 사로잡던 소월의 시편들 「못잊어」, 「초혼」, 「산유화」, 「금잔디」, 「진달래꽃」, 「엄마야 누나야」 등이 시집 『진달래꽃』 속에 실렸다는 것을 배웠고 또 그 시들을 수없이 읽었다. 그 이후로 진달래꽃은 예쁘지만 화사하지 않은, 가꾸지 않아도 단아한, 애처로우나 비참하지 아니한 우리 민족의 정서로 각인되었다.

청년이 되어 4·19를 공부했다. 민주주의를 위해 피 흘리는 젊음도 보았다. 온 산천을 붉게 물들이는 진달래는 못다 푼 선배의 한이고 선혈이었다. 진달래꽃 두견화의 영혼은 소쩍새 두견이의 처절한 울음을 통해 여름으로 이어지곤 했다. 진달래가 활짝 핀 4월은 우리에게 또 다른 의미의 '잔인한 달'이었다. 진달래는 여전히 애이불비哀而不悲의 '한恨'이었다. 이래저래 두견주 대신 막걸리에 취하는 4월이었다.

중년이 된 오늘, 새로운 봄이 왔다. 산마다 진달래가 붉게 타올랐다. 대전 서남부를 달리는 구봉산에 올라 진달래를 만났으나 성에 차지 않았다. 강진에서 해남에 이르는 덕룡산과 주작산 능선을 탔다. 아, 설악산의 공룡능선과 용아장성 같은 남도의 그 바위 산줄기에는 온통 핏빛 진달래가 삼십 리도 넘게 불붙어 타오르고 있었다. 화상을 입었다. 뜨거웠다.

그 상흔이 지워지지 않아 지난 주말에는 대전의 동남부 산줄기를 탔다. 삼괴동 닭재에서부터 식장산을 거쳐 세천까지였다. 뜻밖에도 굉장한 진달래 능선이었다. 대전의 진달래꽃은 그곳이 최고였다. 덕룡산이 골산의 진달래능선이라면 이곳은 육산의 진달래 밭이었다. 너무 화려하여 산행이 피곤하질 않았다. 진달래가 지기 전에 아내와 한 번 더 가야겠다. 정말 아름다운 계절이다. 2007. 4. 15

이미 함께하는, '길'

세상에는 길이 참 많다. 찻길, 뱃길이 있는가 하면 돌길, 물길, 꽃길이 있다. 오솔길과 골목길, 학교 길과 고갯길, 지름길과 에움길도 있다. 어디 그 뿐인가. 눈길, 손길이 있는가 하면 가야 할 길도 있고 가지 말아야 할 길도 있으리라.

이 모든 길 중에 '나'를 돌아보게 하고 '인생의 길'을 사유하게 하는 길은 들길이나 산길인 듯싶다. 그것은 거기에서 만나는, 스스로 넘치는, 자연 덕인지도 모른다. 한 줄기 바람, 한 줌의 햇살, 흘러가는 구름, 상큼한 풀꽃향기, 온갖 새소리. 무엇 하나 싫지 않은 게 들길이고 산길이다. 그래서 오래 전 국어선생님은 "들길이/ 남에서 오거나 말거나,// 산길이/ 북으로 가거나 말거나,// 소나기와 천둥 속에/ 홀로 넘치는// 노랑꽃/ 하얀 꽃// 구름 너머/ 백마 타고 오시는// 소식이 있거나 말거나"(조남익 「풀꽃」)라고 읊으셨나 보다.

혼자서 산행을 하다 보면 길 가운데 홀로일 때가 많다. 혼자 걷는다고 해서 외롭거나 무서운 건 아니다. 지나온 길이 뚜렷하고 나아갈 길이 분명하기에 걸음이 당당하다. 두려움보다는 호젓함에 오히려 즐겁다. 혼자지만 혼자가 아니라는 생각도 든다. 알지 못할 수많은 사람들이 그 길을 지났고, 또 알 수 없는 수많은 사람들이 그 길을 밟으리라 믿기 때문이다. 그 길은 '함께 하는 길' 임을 알기 때문이다.

그러나 이따금씩 들꽃이 흐드러진 야산 초입에서, 혹은 인적이 지워진 산등성이나 계곡 같은 곳에서는 길을 못 찾기도 하고 잃기도 한다. 어떤 때는 지나온 길을 돌아보기도 쉽지 않고 갈 길을 내다보기도 좀처럼 어려운 게 아니다. 그럴 때면 전후좌우 사방으로 헤매기도 하지만 결국은 지나온 길에서 실마리를 찾는다.

우리가 가는 길이 그렇듯 우리가 사는 길도 마찬가지일 것이다. 누구든지 분명한 길을 뚜벅뚜벅 걸을 때도 있겠지만 길인지 아닌지도 모르면서 비틀거릴 수도 있을 것이다. 과연 내가 갈 길이 무엇인가 고민도 하고 제대로 가고 있는지 회의도 할 것이다. 또 어떤 때는 처음으로 길을 내느라 지쳐 쓰러지기도 할 것이다. 그래서 길 찾기는 우리네 인생살이의 영원한 숙제인지도 모른다.

같은 이유로 프로스트의 「가지 않은 길」은 학창시절이 지난 지 오래 되었으나 늘 새롭게 각인되어 되새김되는 것일 게다. "훗날에 나는 어디선가/ 한숨을 쉬면서 이야기할 것입니다./ 숲 속에 두 갈래 길이 있었다고,/ 나는 사람이 적게 간 길을 택하였다고,/

그리고 그것 때문에 모든 것이 달라졌다고."

오늘 6·10민주항쟁 기념식을 보면서 다시 한 번 '길'을 짚어본다. 오늘날 대학생의 대다수가 모른다지만 박종철과 이한열이 택한 길은 혼자 간 길이 아니었다. 20년 전 우리가 '가야할 길'이있고 '함께 한 길'이었다. 그런 길을 두고 루신은 말했을 게다. "애초에 길이란 없다. 여럿이 함께 가면 그것이 길이 된다."라고. 2007. 6. 10

생명과 감사의 사유

여름 산길을 걷다보면 참 배우는 게 많다. 불과 얼마 전 싹이 트고 꽃이 피었는데 어느 틈엔지 신록은 무성하고 열매가 알알이 굵어 간다. 산행 길에 흔히 만나는 버찌는 6월도 가기 전에 새까맣게 익어 오가는 이의 입맛을 자극한다. 입술이 시퍼렇게 되도록 따먹다가도 "저렇게 왕성한 생명력이 있을까!" 감탄하며 부러워한다.

아닌 게 아니라 조금 후면 꽃피울 칡덩굴은 제외하더라도, 청미래덩굴이며 댕댕이덩굴, 박주가리, 며느리배꼽, 환삼덩굴, 담쟁이덩굴, 그리고 으름덩굴과 달래덩굴 같은 것들은 걷잡을 수 없는 생명력으로 줄기를 벋고 있다. 울창한 자연계를 지키는 첨병인 듯 인적이 닿는 곳과 자기들만의 세상, 그 경계에 가시 줄기를 벌여놓는다. 푸른 생명과 그 생명의 성실함, 그 꾸준함에 지나온 길을 돌아보게 된다.

"우리는 이들 식물보다 한 3개월 먼저 새해를 시작했는데… 그 동안 우리는 무얼 했는가. 얘들이 싹틔우고 꽃피우고 또 열매 맺어 익어가는 동안 나는 해놓은 게 무엇인가. 진정 인간이 만물의 영장이고 지구의 주인인가. 언제나 생산적인 이 숲과는 너무도 다르게 우리는 혹시 언제나 어디서나 너무도 소비적이지 않은가."

산행에서는 '생명'도 배우지만 감사도 배운다. 계룡산 장군봉 능선을 타든, 아니면 덕유산 종주능선을 걷든 조금만 가다보면 스스로 낮아져서 고마움을 배운다. 비 오듯 땀이 솟고 숨이 헉헉거릴 때면 한줄기 바람이 그렇게 고마울 수가 없다. 비록 건듯 분다하더라도, 비록 찰나라 하더라도 산행 길에 몸을 씻어주는 바람 한 줄기는 그저 청량한 '고마움'이다. "산 위에서 부는 바람 고마운 바람…"을 노래하던 시절에 우리는 그 고마움을 사실은 몰랐다.

물이 떨어져 갈증을 느끼다가 만나는 샘물, 계곡물 한 모금은 또 얼마나 달콤한 은총이던가. 세상 어디에 그보다 감미로운 넥타(신의 음료)가 있을 수 있을까. 산행의 땀 흘림과 목마름이 없었다면 어떻게 물 한 모금의 행복과 감사를 체험할 수 있을까.

끝도 없는 오르막 암릉과 비탈진 내리막에서 네 발로 오르다 엎어지고, 미끌어져 내려오다 자빠져 보면, 다만 그저 평평한 땅, 흙길만 나와도 그게 그렇게 고맙다. 산길을 걸으면 이렇게 많은 게 바뀐다. 세상을 향한 겸허의 내공이 쌓인다. 그래서 언제나 산은 말 없는 스승이고, 산길, 숲길, 에움길은 그날의 동행이면서 일생의 동행이고 사유의 반려이다. 2007. 7. 3

숲에는 찬밥이 없다.

유럽이나 캐나다, 미국 등에서 보는 울창하고 광활한 숲은 우리에게 낯설다. 산지가 70%를 넘는 우리나라에는 평지 숲이 거의 없기 때문이다. 우리에게는 늘 숲이 곧 산이고, 산이 곧 숲이었다. 대전도 마찬가지이다. 대전의 숲은 식장산, 계족산, 금병산, 갑하산, 수통골, 구봉산, 보문산, 만인산 등 대전을 둘러싼 산이다. 여기에 장태산과 계족산의 휴양림, 우성이산과 월평공원이 더해져 대전이 푸르게 숨을 쉰다.

대전을 둘러싼 산길, 숲길을 걷자는 운동이 '대전둘레산길잇기'운동이다. 운동이 시작된 지 3년이 된 현재, 매월 둘째 주 토요일에는 100명 안팎의 시민들이 자발적으로 모여 대전의 둘레 산을 걷는다. 식생도 배우고 역사공부도 하고, 마을 유래도 들으면서 '대전사랑'을 키워간다. 산행 후에는 사이버 '카페'에서 서로

가 찍은 사진을 공유하며 정도 나눈다.

특히 요즘 같은 성하의 계절에는 맑으면 맑은 대로 비오면 비오는 대로 그렇게 좋을 수가 없다. 어느 구간이든 스스로 풍족한 생명력이 넘쳐난다. 숨 한 번 크게 쉬면 가슴 가득 뿌듯함이 채워진다. 한 줄기 바람에도 감사함이 느껴진다. 그래서인지 여름날 산길에는 '찬밥'이 없다. 콩밥이든, 잡곡밥이든, 아니면 빗물에 젖은 김밥이든 모두가 그저 똑같이 맛있는 양식일 뿐이다. 그러나 낙엽이 지는 숲길, 삭정이 가지가 사각거리는 산길에서는 웬만하면 모두가 찬밥뿐이다. 그래서 진정 푸근한 숲은 신록이 우거져야 하는가보다.

또 있다. 도시에서는 흔히 못 배우고 못 가진 사람이 '찬밥'이 되는 수가 있다. 그러나 산길에서는 인생의 '찬밥'도 없다. 배낭을 메면 젊은이나 나이 든 사람이나, 남자나 여자나, 부자나 가난한 사람이나, 지식인이나 노동자나 차별이 없다. 그저 동행일 뿐이다. 모두가 모두에게 공동체의 일원으로 '따뜻한 밥'인 것이다.

그래서 프랑스의 화가 '마네'는 「풀밭 위의 점심식사」라는 그림에서 도발적으로 나체의 작부와 정장을 입은 남자를 화면의 주인공으로 담았는지 모른다. 숲속에서는 유곽의 여인이나 정장의 사내나 모두가 같은 자격일 수 있다는 웅변은 아니었을까. 풀밭에 펼쳐진 과일이 유난히 빛나는 것은 그것이 '찬밥'이 아니라는 인상적 표현이 아니었을까. 그러고 보면 숲속은 자연과 인간만이 아니라 인간끼리도 저절로 함께 하는 공동체 공간인 셈이다.

비록 자연 숲은 아니지만 요즘 한밭수목원에 가면 야생화원이든 습지원이든 관목원이든 온갖 꽃과 열매가 지천으로 흐드러져 갖가지 색과 향을 발산하고 있다. 유치원 어린이들로부터 중장년의 아주머니들, 청춘남녀와 노부부들이 때로는 벤치에, 때로는 원두막에 앉아 사랑과 추억을 나누며 '찬밥'이 아님을 즐기고 향유한다. 참 보기 좋다.

이런 날은 시인 안도현의 「찬밥」이 공허하게 맴돈다. "가을이 되면 찬밥은 쓸쓸하다./ 찬밥을 먹는 사람도/ 쓸쓸하다.// 이 세상에서 나는 찬밥이었다./ 사랑하는 이여// 낙엽이 지는 날/ 그대의 저녁 밥상 위에/ 나는/ 김나는 뜨끈한 국밥이 되고 싶다." 2007. 7. 15

자연과 교감, 소통과 공존

자연은 하나의 사원, 거기에서 살아있는 기둥들이
때때로 혼돈의 언어를 내보내니,
인간은 거기로 들어간다.
친근한 시선으로 자기를 살피는 상징의 숲을 가로질러.

문학소년 시절에 만난 보들레르의 「교감」이라는 시 첫 구절이다. 상징주의 비조인 보들레르를 제대로 이해하지도 못하면서 그저 '교감, 교응 혹은 상응'이라고 번역될 수 있는 시 제목 '코레스퐁당스Correspondances'가 좋아서 읊조리곤 했었다.

중년을 지나고 산과 숲을 찾으면서 자주 이 시가 떠오른다. 그렇다. 자연은 하나의 사원이다. 자연으로서 산길을 걷다보면 하늘을 느끼고, 신을 느끼고, 자신을 돌아보고, 앞을 내다보고, 사유와

기도가 동반되니, 그렇다! 자연은 사원이고, 절이고, 성당이고, 교회다.

이 자연이라는 사원에는 무생명의 돌기둥이나 죽은 나무기둥이 지붕을 받치고 있지 않다. 싱싱한 생명을 지닌 나무들이 온갖 수풀과 더불어 하늘을 떠받치며 생명의 다양성을 내뿜는다. 봄에는 형언하기 어려울 만큼 다채로운 핑크빛 향기로, 여름이면 지칠 줄 모르는 생명의 왕성함으로, 또 가을에는 노랑 빨강 수채화 색조로, 이윽고 겨울이면 죽지 않는 인고의 생명으로 우주의 섭리를 보여주고 실천한다. 다만 그것을 깨닫지 못하는 인간에겐 혼돈의 언어일 뿐인 것이다.

수도자든, 시인이든, 명상가든, 아니면 그저 평범한 등산객이나 산책자일지라도, 깨닫고자 하는 사람은 그래서, 그 사원 즉 자연으로 들어가는 것이다. 가다보면 그 길에서 삼라만상이 하나하나 해석되는 재미를 느끼게 된다. 야생화 하나하나가 이름을 얻어 눈앞에 나타나는가 하면 다 똑같던 나무들이 구분되어 잎과 열매를 드러낸다. 어디 그뿐인가. 전에 들리지 않던 바람소리, 물소리, 새소리, 꽃향기와 같은 혼돈의 언어가 우리 감각에 포착되면서 행복을 느끼게 한다. 이른바 '상징의 숲'이 해독되는 것이다.

이때 자연은 '상징의 숲'이라는 길을 헤쳐 오는 인간을 어머니처럼 따뜻하고 친근한 시선으로 살피고 반기는 것이다. 그것이 곧 하늘과 대지, 인간과 자연, 색과 향과 소리의 상응이고 교감이 아니면 무엇이랴.

물론 보들레르는 '상징의 숲'을 가로질러 '미의 절대경'에 들어

감을 의미했고, 자연과 천상계의 교감뿐만 아니라 시인의 공감각을 통한 오감의 상응을 이야기했을 것이다. 그러나 그것이 상징시인만의 전유물은 아니리라. 그것은 '생명의 숲'을 사랑하는 모든 이의 깨우침과 다르지 않다는 것을 산행할 때마다 느낀다. 그래서 여름이고 겨울이고 산이 좋은 것이다. 산에 들면 언제나 우리도 "향기와 색깔, 소리들이 서로 화답함"을 느끼고, 우리도 "바람과 더불어 노닐고, 구름과 더불어 이야기를 나눌 수 있기" 때문이다.

산행에서 이러한 공감각이 느껴질 때 떠오르는 것이 오늘날 문제가 되는 '소통과 공존'이다. 소통과 공존. 지금 우리 사회에 가장 부족한 것이 이 두 가지이다. 당리당략 싸움으로 일관하는 정치, 진보와 보수가 담을 친 사회, 양극화가 끝없이 벌어지는 경제, 심지어는 학교와 가정에서조차, 한국사회는 소통의 부재와 공존의 실패로 병들어 있다.

이 모든 환자들에게 느릿느릿한 산행을 권한다. 걷다보면 길이 보이고, 다양성이 보이고, 생명의 숨결이 느껴지고, 소통과 공존이라는 상징의 언어가 해독될 것이다. 2007. 9. 5

산, '오래된 미래'

2학기에 접어들어서도 산을 자주 찾았다. 설악산, 덕유산, 지리산 그리고 계룡산 대 여섯 번, 수통골 2번. 만날 때마다 산은 조금씩 다른 모습으로, 그러나 결국은 같은 푸근한 느낌으로 탐방객을 반긴다.

사람들은 말한다. "저 산은 밋밋하다"라고. 혹은 "저 산은 악산이다"라든지, "이 산은 재미가 없다"라고. 그러나 그 말은 언제나 부분적 진실만을 담고 있을 뿐이다. 어떤 경우에는 진실의 부분이 너무 작기 때문에 오류에 가까울 수도 있다. 그렇다. 산은 오르면 오를수록 새로운 맛과 멋을 보여준다.

근처의 계룡산만 하더라도 상신리코스, 병사골에서 시작하는 장군봉코스, 지석골과 갓바위코스, 천정골 산행 길, 동학사에서 남매탑, 남매탑에서 금잔디고개를 거친 갑사길, 은선폭포와 관음봉, 신원사 코스, 연천봉에서 갑사 길, 연천봉에서 문필봉 관음봉 삼불봉에 이르는 자연성릉, 갑사에서 올라 흩어지는 여러 산행길… 말 그대로 골짜기마다 능선마다 서로 다른 향을 풍긴다.

설사 같은 길을 반복하더라도 그때그때의 심리상태와 계절에 따라 결코 같지 않은 맵시를 드러낸다. 일주일 전 물들기 시작하던 자연성릉의 조망과 엊그제 바라본 경관은 똑같이 아름답지만 결코 같지 아니한 멋을 풍겼다. 천연색 울긋불긋한 색상은 날짜에 따라 다르기도 하지만 같은 날이라도 오전이냐 오후냐에 따라, 햇빛의 각도에 따라 새로운 느낌을 준다. 더구나 주변에 피고 지는 야생화들과 끊임없이 변신하는 구름은 언제나 변화무쌍한 모습을 증폭시킨다.

그래서 따지고 보면 지리산智異山만(그 산을 찾으면 찾을수록 깨닫게 되는 것은 그 산이 늘 서로 다를 뿐이라는 의미에서 '다른 것을 알 뿐인 산')이 아니라 모든 산이 지리산일 수 있겠다. 하물며 백두대간을 이루는 설악산이야 금강산의 기묘함이야 새삼 무슨 말이 필요할까. 그러나 그러면서도 어느 한 산이 가지고 있는 전체적, 심층적 특성은 있는 것이니 신비롭기만 하다.

어쩌면 사람을 사귀는 것도 산을 찾는 일과 같을지 모른다. "저이는 어떠하다"라고 섣불리 말해서는 안 될지 모른다. 직장에서 만날 때, 퇴근 후 만날 때, 혹은 수영장에서 만날 때의 모습이 서로 다른 것이다. 건강할 때와 아플 때 그리고 취했을 때의 모습도 같지 아니하다. 그러면서도 감지되는 심층적 자아는 여일한 것이니 가히 산을 만나는 것과 무엇이 다르랴. 그래서 대인관계도 산을 대하듯 조심스럽게 접근해야지 경거망동해서는 안 될 것이다.

산에 들면 언제나 깨우치는 것은 산이야말로 인류의 '오래된 미래' 라는 것이다. 태고 적 부터 산은, 마치 공기처럼, 우리 곁에 있어왔지만 산이야말로 결국은 인류를 구원할 은신처라는 생각이다. 특히 대전 같은 도시는 300여 리에 달하는 '둘레 산'이 병풍처럼 도시를 감싸고 있다. 이 산, 이 숲의 보존이야말로 우리가 후대에게 물려줄 엄청난 유산이고 미래의 경쟁력인 것이다.

혹자는 말한다. 대전에는 인구를 유인할 그 무엇이 없다고. 큰 공장도, 큰 회사도, 휴양지도 없다고. 맞는 말이다. 그러나 대전에는 둘레 산이 있고, 3대 하천이 있다. 세계 어떤 도시에 이런 게 있는가. 둘레 산과 3대 하천의 복원과 재생, 보존이야말로 알고 보면 대전의 경쟁력이고, 인구유입의 결정적 요소이다. 청정한 산림이 있고 깨끗한 물이 흐른다면 그 곳에 그 누가 안 살러 오겠는가.

지난 여름의 태풍에 이은 홍수 피해도 원인을 거슬러 올라가면 산을 파헤치고 절개하는 데서 비롯된 것이 많다. 석회석을 캐는 태백산에서부터 천문대에 다다르는 도로를 낸 보현산에 이르기까지 우리는 산에 대하여 너무 인간 중심적으로 생각한다. 마치 대인관계에서 자기중심적으로 살듯이. 그러나 그 결과는 늘 인간의 상처, 아픔, 고통이 되어 돌아온다.

10월 18일은 산림청이 정한 산의 날이다. 마침 가을이 깊어가면서 동학사에서 계룡산 춤판이 벌어지고, 영평사와 갑사를 비롯한 전국 각지의 산사에서 '산사음악회'가 연이어진다. 모처럼 산의 품에 깃들면서 가을의 정취와 어우러진 선율에 젖는 것도 좋을 것이다. 그러면 우리가 자연의 일부임을, 특히 산의 일부임을 되새기게 될 것이다. 정말 우리는 산의 부분으로 산을 경배하던 민족이었다. 2007. 10. 23

2
도시와 사람의 길

'나대로'의 가치

프랑스 혹은 프랑스 사회를 이야기 할 때 빠지지 않는 말이 '중앙 집중과 다양성의 변주곡'이다.

프랑스는 이미 1600년대부터 세계 어느 나라에서도 유례를 찾아볼 수 없을 정도의 강력한 절대왕정을 구축하고 중앙 집중적 권력 기반을 다졌다. 18세기말 대혁명을 필두로 19세기 내내 수차례의 크고 작은 혁명이 있었으나 중앙에 집중된 행정구조와 '불가분의 통일공화국'이라는 사회체계는 변함이 없었다.

그러나 그렇다고 해서 프랑스의 특징이 일사불란함이나 획일성에 있는 것은 결코 아니다. 프랑스만큼 '다름'과 '차이'를 인정해주는 나라가 또 있을까 싶을 정도로 프랑스는 다양성의 문화를 꽃피운 나라이다. 켈트와 라틴, 게르만 그리고 아랍이라는 인종적 다양성에 대륙과 해양이 만나는 교차로라는 지역적 다양성이 더

해져 프랑스는 고대로부터 살아 숨 쉬는 다양한 문화와 예술, 철학의 전통을 발전시켜 왔다.

이러한 중앙 집중화와 다양성은 프랑스 사회와 문화를 지탱하는 구심력이면서 동시에 원심력이다. 여기에 프랑스는 작은이들 혹은 작은 것들(쁘띠petits)을 인정하고 존중하는 관용(톨레랑스)의 정신이라는 무늬를 아로새겼다. 그리하여 마침내 프랑스는 세계 최고의 개성적 문화, 독창적 문화의 보고이면서 산실이 된 것이다.

반면에 21세기 대한민국은 여전히 사회의 모든 층위에서 중앙 집중과 획일성이 창궐하고 일사불란을 강요하는 모습을 지닌다. 인구의 절반이 이른바 수도권이라는 서울·경기에 모여살고 정치와 경제, 문화의 모든 것이 거기에 집중되어 있다. 그리하여 수도권의 과잉집중은 이미 포화를 넘어섰고 머지않아 대폭발이 예견되는 가운데 우리에게는 지방화와 분권화라는 당위가 대두되었다. 그러나 중앙 집중과 획일성의 틀에 갇힌 사람들은 지역균등발전과 '나눔'이 무슨 대재앙이라도 되는 듯 저항하고 있다.

특히 여론을 창출하고 이끌어야 할 언론이 이러한 우리 사회의 고질적 병폐에서 결코 자유롭지 않다는 것은 적지 않은 문제를 재생산한다. 지역 언론 혹은 지방신문을 생각할 때마다 지역 대학 혹은 지방대학이 떠오르는 것은 필자가 학교에 몸담고 있기 때문만은 아닐 것이다. 지방신문과 지방대학은 적어도 '서울집중과 지방소외' 그리고 거대 자본의 '싹쓸이'라는 우리 사회의 광기에 치여 존폐의 위기를 겪고 있다는 점에서 동일한 궤에 놓여있다.

대한민국의 모든 국민은 적어도 글을 깨우치는 순간부터, 아니

말을 배우는 순간부터 서울중심을 향한 지난한 물살 속에 내몰린다. 획일적이고, 거칠고, 비인간적인 경쟁의 탁류에서 맹목적인 수도권 생존 지향의 훈련을 받는다. 서울중심의 신문방송을 보고, 듣고, 수도권 중심의 드라마에 공감하며 자란다. 수도권 대학에 들어가기 위하여 십 수 년 동안 과외를 하고 수도권에 머물고자 학원에 다니고 해외 어학연수를 다녀온다. 여기에서 '나대로' 라든지 '다양함'이라는 단어는 낯설다. 수도권의 거대 언론과 교육기관은 이를 조장 혹은 적어도 방기한다.

물론 지역 언론과 지역 대학의 모든 문제가 외부에서 온 것만은 아닐 것이다. 지역 언론은 지역 언론대로 지역 대학은 지역 대학대로 자기만의 고유한 목소리와 역량을 키우지 못한 것이 사실이다. 어디에 내놓아도 당당한 경쟁력도 키우지 못했고 독특한 색깔을 띠지도 못했다. 그럴 수밖에 없는 원인이야 여러 가지를 찾을 수 있겠으나 아무튼 복제품 혹은 모조품 생산에 만족하며 게으른 세월을 보냈던 것은 아닌가 반성할 때이다.

공허한 웰빙 신드롬

물질적인 생활수준이 나아지면서 두드러지게 변한 것 중의 하나가 웰빙well being에 대한 관심의 증폭이다. 배고프던 시절에는 제대로 챙길 수 없었던 '참살이'의 중요성에 대하여 모든 신문과 잡지, 방송에서는 각각 고정란과 일정 시간을 할애하고 있다. 나름대로의 전문가로부터 건강과 먹을거리에 관한 정보를 얻어 튼튼하게 오래오래 살자는 데 이의가 있을 수는 없을 것이다. 그러나 웰빙에 대한 칼럼이나 기획을 접할 때마다 느껴지는 아쉬움은 한두 가지가 아니다.

예를 들어 요즈음 방송은 어느 방송사의 어느 프로그램이든 웰빙을 빙자하여 먹을거리 소개와 시식에 경쟁을 하는 듯하다. 카메라 앵글은 어김없이 뭔가를 먹는 유명 연예인이나 리포터의 입술과 혀를 클로즈업하여 그 움직임과 미세한 떨림까지, 심지어 씹거나 핥는 소리까지 담아낸다. 이른바 식탐을 보급, 증폭 그리고 재생산하면서 동시에 관능을 자극한다. 그러면서 판박이 웰빙 운운하며 마무리한다. 이어지는 드라마에서는 온갖 불륜이 얽히고설킨다. 우리가 추구하는 참살이는 고작 이런 것인가.

아내에 대한 사랑이라고는 눈곱만큼도 없으면서 정력에 좋다면 중국, 태국 안 가리고 가서 뱀을 잡아먹고 오는 사람들, 당면한 일을 처리함은 물론이고 잠재적 일에 대한 연구와 고민을 해야 할 시간에 웰빙한다고 짝을 지어 필드에 나가는 사람들, 그러면서 건강과 장수 그리고 웰빙에 대한 자신들의 관심과 노력을 자랑하는 사람들, 이들이 사는 모습이 과연 참살이인가.

뚜렷한 사회적 삶의 목표가 없으면서 '우선 건강하고 보자'는 심사는 국가 장래에 대한 비전도 없으면서 '우선 되고 보자'는 정치지망생과 다르지 않다. 그들은 걸만한 그림이 준비도 안 된 상태에서 다들 하니까 나도 '벽에 못부터 박고 보자'는 식의 잘못을 범하고 있는 것이다. 근본적으로 웰빙에 관한 노하우know-how에 앞선 노화이know-why에 관하여 사회구성원들이 공감하는 성찰이 있어야 한다고 본다. 말을 바꾸면 "무엇이 웰빙인가?", "왜 웰빙해야 하는가?"에 관한 철학이 사회 전반적으로 부재하거나 부족하다는 것이다. 거의 맹목적인 '건강 우선주의 신드롬' 대신에 "육체적 웰빙말고 정신적, 정서적, 사회공동체적 웰빙은 어떤 것일까?", "건강해서 오래 산다면 내가 할 일은 무엇인가?"를 먼저 생각해보자는 말이다.

또한 우리사회의 웰빙 담론은 흔히 개인 인체의 건강에 초점을 맞추고 진행되고 있다. 그러나 한 발 물러서서 생각하면, 인간은 크고 작은 사회 속에서 살아가기에 개인의 웰빙은 사회의 웰빙과 밀접하다. 사회가 건강하지 않으면 개인이 건강할 수가 없다. 정신건강 면에서는 더욱 그렇다. 매일 매일 '돈 있는 사람은 군대 안 간다', '누구는 부동산담보대출 받아서 투자 했는데 3개월 만에 10억 벌었다', '20:80의 사회가 굳어졌다'는 얘기를 들을 때 대부분의 우리는 흥분하고 분노한다. 이런 사회에서는 참다운 웰빙이 어렵다.

또 있다. 인간이 사회에서 살지만 여전히 자연의 한 부분이기에 우리를 둘러싼 지구환경이 건강하지 못하면 우리의 웰빙도 있을 수 없다. 물이 오염되어 마실 수가 없고 물고기는 기형적으로 변하고, 땅이 오염되어 먹을거리가 마땅치 않다면, 공해 때문에 공기조차 호흡할 수 없다면 우리의 웰빙은 유보될 수밖에 없다. "나는 사회가 어떻든 관심이 없고 골프장이 생태계를 파괴하더라도 알 바 없다, 나는 내 일만 한다."라는 항변은 누구에게나 직무유기이다.

'너무 많이 얻어서 잃어버린 것'을 회복하는 웰빙담론이 더 활성화되어야 한다. '나는 알 바 없다'가 아니라 '함께 알아보자'는 연대의식이 싹터야 한다. 그리하여 진정한 의미의 참살이가 자리 잡으면 좋겠다. 2005. 9. 29

비정한 '우리'의 의미 스펙트럼

인간이 사용하는 언어는 수많은 단어로 이루어진다. 우리는 개별 단어에 의미를 부여하고 발전시킨다. 많이 사용되는 단어일수록 세 개, 네 개, 혹은 그 이상의 의미를 지니기도 한다. 이른 바 단어의미의 확장이고 다의어의 탄생이다. 단어의 의미가 확장되면서 원래의 의미는 상실되기도 하고 변하기도 한다.

어린 시절 국어시간에 '우리'에 관하여 배운 적이 있다. '우리'는 자신을 포함하여 주변의 여러 사람을 가리키는 말인데, 어원은 울타리를 의미하는 '울'에서 비롯되었다는 것이다. 선생님은 덧붙였다. "개인주의가 팽배한 서양에서는 항상 '나'가 초점이다. 그러나 우리 사회에서는 어원이 증명하듯이 한 울타리 안의 사람들을 늘 나와 함께 생각한다. 우리 어머니, 우리 학교, 우리 집, 심지어 우리 마누라와 우리 남편…"

수십 년이 지난 지금 '우리'라는 단어의 다의성에 당혹스럽다. '우리'라는 대명사가 지칭하는 지시체가 무엇인지 그 정체를 알 수가 없다. 한동안 유행했던 말 "우리가 남이가?"에서 '우리'가 담고 있는 경계는 시간적인 것인지 공산적인 것인지, 그것도 아니면 사회계층적인 것인지 명확하지 않았다. 그러나 많은 사람들이 의미적 공감대를 이루었다.

그 후 어느 정당의 명칭으로 '우리'라는 말이 사용되었을 때 사람들은 갸우뚱했다. '우리'의 의미영역이 무엇일까. 어느 한 세대에도 어느 한 지역에도 어느 한 계층에도 국한된 것이 아니라면 나라 전체인가… 이 두 경우에는 심기가 불편할망정 절박하거나 비정하지는 않았다. 하지만 최근에 있었던 '우리' 사회의 사건을 보면 '우리'가 가지는 의미가치가 사람에 따라 얼마나 다른 지 알 수 있다.

얼마 전에 엄마도 아빠도 없이 혼자 살던 21세기 '우리' 사회의 한 소년이 기르던 도사견에 물려 죽임을 당했다. 굶기를 밥 먹듯 하던 소년의 빈소에는 조문객의 발길도 없이 쓸쓸히 관만이 놓여 있었다고 한 방송사 뉴스는 전했다. 미술에 소질을 보이던 '우리'의 한 중3 학생이 자살을 했다. 유서에는 고등학교에 진학을 함으로써 엄마에게 더 큰 짐을 지우는 것이 싫었다는 이야기와 자신이 희생함으로써 그동안 잘해준 누나에게 돌아갈 몫이 커질 것이라는 이야기가 적혀 있었다고 한다. 이 두 사건에 과연 얼마나 많은 사람들이 '우리'의 의미를 공유하며 부끄러움에 얼굴을 화끈거릴 수 있을까 자문했으나 답을 찾을 수 없었다.

또 한편, '우리'의 350만 농민은 쌀 비준안이 통과되어서는 결코 아니 된다고 단체시위도 하고 수백리 길을 걸으며 고독한 투쟁도 하였다. 23일의 국회통과 여부에 관계없이 그들은 '우리'인가 아닌가. 어느 농민이 " '우리'가 배추를 팔 때는 300원인데 그 배추를 사려면 3000원을 내야 되는 세상이 말이 되나요?"라고 했을 때 그 '우리'는 '우리'와 같은 '우리'인가 아닌가.

'우리' 어느 중학교에서 수학여행을 가는데 가정 여건에 따라 선택을 하게 했단다. 비용이 15만원 정도 드는 국내여행에서부터 약 70여 만원이 드는 해외여행에 이르기까지 4가지 여정이 있었단다. 그런 것이 수학여행인가? 거기서 무엇을 배우나? 그러한 발상을 하고 행동하는 자들이 정말 '우리'인가 아닌가. " '우리' 애들 1인당 영어 교육비가 유치원에서부터 중학교까지 치면 족히 1억 원은 들 거예요. 저만 그런 게 아니라 '우리' 동네 다 그래요." 라고 인터뷰를 하는 아줌마의 '우리'도 '우리'와 같은 '우리'인가 아닌가.

'우리'의 의미 스펙트럼이나 의미의 결이 너무 다양하여 너무 어지럽고 혼란스럽다. 그리하여 "중국을 가로 질러 동남아를 통하여 입국하려는 탈북자들"이 '우리' 민족인지는 생각할 여유조차 없다. 각박한 21세기 한반도는 '우리'의 의미가 가리가리 찢긴 "아, '우리'의 대한민국'이다. 2005. 11. 24

이미지, 실재의 부재를 감추다

"침대는 과학입니다"로 시작되는 광고는 이미 역사가 되었다. 이제는 '패션이 전략'이고 '화장은 유혹'이며, '당신이 사는 곳은 당신이 누구인지 말해준다'고 한다. 광고를 보면 오늘의 세계가 보인다. 광고야말로 현대의 일상성을 표현하기 때문이다.

현대 소비사회를 지배하는 것은 사용가치나 교환가치가 아니라 기호 가치 즉 이미지 가치이다. 모든 광고, 모든 CF는 이제 상품의 기능이나 효용에 관하여 말하지 않는다. 끝없이 우리를 '이미지 황홀경'에 빠져들게 할 뿐이다. 그것은 실재를 감추고 변질시킨다.

어느 침대에서 자든, 어느 화장품을 쓰든, 어디에 살든 광고에 나오는 사람같이 되는 건 아니지만 우리는 이미지를 소비한다. 명품과 명문을 향한 욕망과 쾌락 역시 이미지를 향한 끝없는 구애이다. 스타를 만날 수도, 만질 수도 없으나 폭발적으로 열광하는 것도 마찬가지이다. 스타는 스타 자체가 아니라 이미지이기 때문이다. 그것은 영화, 사진, 광고, 뮤직비디오, 애니메이션을 동원한 '이미지 총량제'이다.

현대를 정보의 시대라고 말할 때 모든 정보는 이미지이다. 텔레비전의 현란한 쇼와 스포츠 중계, 유명 스타의 CF, 언제나 어디서나 어느 상대와 이루어지는 인터넷과 휴대전화 문자/영상 메커니즘… 모든 것이 기호와 상징, 속도, 그리고 순간적이고 폭발적인 결집 등을 속성으로 하는 이미지들인 것이다. 그것들은 실재보다 더 실재 같아 현실 혹은 실재를 지배하고, 변질시키고, 몰아내고, 대체한다.

프랑스의 현대 사상가 보드리야르는 이렇게 이미지가 범람하는 시대를 시뮬라시옹의 시대라고 정의하였다. 그에 따르면 초기에는 이미지가 실재를 반영하지만 곧이어 실재를 감추고 왜곡한다. 이미지가 자신의 분장 뒤에는 어떤 실재도 없다, 즉 아무 것도 없다는 사실을 감추는 단계가 되면 이미지와 실재 사이에는 어떤 관계도 존재하지 않는다. 오직 "이미지만이 자율적 독립성을 획득하여 활성화하고 실재는 이미지와 기호의 안개 속으로 사라진다."

보드리야르의 시뮬라시옹을 처음 접했을 때 소름끼치던 전율은 닭살처럼 뇌리에 생생하다. 그리하여 요즘 최대의 이슈가 된 황우석 사건도 '노벨상 영웅 만들기/ 배아줄기세포 신화 만들기'라는 집단적 이미지 조작으로 이해할 수도 있겠다 싶다. 가상의 이미지가 결국은 실재를 감추고, 나아가 실재의 부재를 감추었던 것. 그러다가 이미지와 실재사이에 관계가 끊어지고, 이미지가 이미지를 낳고 상호 증폭하면서 결국은 이미지만 있었음이 확인된 것은 아닐까 생각해본다. 또다시 온몸에 닭살이 돋는다. 무섭게. 2005. 12. 26

공동체적 삶의 광장

우리 고장에서도 '지역정책포럼'이라는 열린 공간이 출범한다는 반가운 소식이 있다. 오늘날은 지방경쟁력이 곧 국가 경쟁력으로 인식되고, 글로벌 시대의 세계화와 지방화가 '글로컬리제이션'이라는 변증법적 전환을 이루는 시기이기에 그 필요성은 충분하다. 한편, 화려하고 떠들썩한 구호 뒤에 '서울공화국'은 더욱 공고해지고, '탈–중심'이라는 포스트모더니즘의 키워드가 무색해지며, '수도권집중–지방소외'의 병폐에 대한 지적이 '소 귀에 경 읽기'로 치부되는 상황이라서 그 당위성은 오히려 절대적이다.

포럼이란 무엇인가. 그것은 만나서 나누고 교감하며 교류하는 광장이다. 자신의 의견을 적극적으로 표현하고 같은 목소리를 가진 사람들과 힘을 모아 토론, 평가, 반성하면서 사회에 의견을 반영, 선도하는 참여문화이다. 따라서 그것은 직접 민주사회 구현의 한 방식이다.

그 역사는 2천 5백년이 넘는다. 그리스 시대에는 도시 중심가 시장 근처에서 일반 대중의 회의가 열렸다. '아고라'라 불리는 이 장소는 정치, 사상, 예술 등을 토론하는 열린 공간이었으며 바로 여기에서 그리스 직접민주정치가 싹텄다. 로마에서는 이를 '포럼', 즉 '광장'이라 불렀다. 포럼에서는 사상, 시, 연극 등의 발표뿐만 아니라 재판, 정치, 축제 등이 이루어지는 자리이기도 했다. 즉 포럼이란 삶의 전영역이 다루어지던 공간이라는 역사성을 갖는다.

그러므로 '지역정책포럼'의 역할은 적지 않다. 직접적으로는 지역발전 담론과 비전 모색, 지역현안 진단과 대안 개발, 지역전문가·활동가·지식인 네트워크 구성 등을 생각할 수 있다. 더 넓게는 정치, 경제뿐만 아니라 우리의 삶 전반에 연결되어 있는 문화, 예술, 교육, 복지에 관한 폭넓은 의견 교환과 토론을 통하여 탁월한 보편적 정책을 제시할 수도 있겠다.

그러나 막 태동을 시작한 '지역정책포럼'이 제대로 성장 · 발전하기 위하여 우선 어느 한 이데올로기나 정파, 혹은 어느 한 성향의 재력이나 권력으로부터 독립적이어야 한다. 또한 공간적 한계를 넘어, 대전·충청권 전체를 아우르고 나아가 대한민국 전체를 끌어안으면서 고민하는 '시민적 광장'의 본보기가 되어야 할 것이다. 특히 이 모든 역할을 행하고 모색함에 있어 항상 '빛'과 '그림자'를 동시에 고려하는 것도 잊지 말아야 할 덕목이다.

그리하여 세계의 경제방향을 좌우하는 스위스의 '다보스포럼'

이나 21세기 세계 과학기술계의 대표적 포럼으로 위상을 굳히는 '교토포럼'에 뒤지지 않는 '공동체적 삶의 광장'이 되길 기대한다. 2006. 9. 18

특화가 필요하다

대전시는 '전통과 현대가 함께 어우러지는 매력적인 웰빙문화도시'와 '생활 속에 즐거움과 감동이 있는 머물고 싶은 문화관광도시'라는 2007년도 비전을 내세웠다. 이를 위하여 '대전의 독창적인 전통문화 육성'과 '문화관광자원 개발'을 중점사업으로 삼았다.

우선, 전통의 계승과 발굴을 위하여 동춘당 근린공원 내 무형문화재 전수회관 건립이라든지 엑스포 과학공원 내 웃다리농악 전수교육관 건립을 계획하고 있는데, 이는 의미가 있어 보인다. 또한 시민과 함께하는 문화예술을 구현하기 위하여 시립예술단, 국악연주단, 민간 예술단체 등을 망라하여 총 250여 회(지난해 240회)의 찾아가는 연주회를 기획, 지원한다는 계획도 훌륭한 평가를 받을 만하다. 또한 90회 전국체전 준비나 생활체육 활성화를 위한 여러 프로그램의 개발과 지원도 훌륭하다.

반면에 아쉬운 점이나 문제점도 적지 않다. 첫째, 여러 가지 사업을 뒷받침할 수 있는 구체적인 예산 확보방안이 마련되어 있지 않은 듯하다. 앞서 언급한 전수관뿐만 아니라 '연정국악문화회관'의 리모델링 사업, 구 농산물품질관리원을 개축하는 '원도심특별전시관' 조성, 지역 도서관 건립 등을 위한 재원 확보가 문제라는 자체 지적마저 있다.

둘째, 전통과 현대의 어울림이라는 명분으로 '선비축제+민속축제'의 접합을 통한 '대전의 전문축제 개발'을 시도한다고 하지만 무리가 있어 보인다. 대전은 누가 보아도 교통과 물류, 교육과 서비스, 첨단과학이 연상되는 신흥도시이기 때문이다. 동춘당이나 우암이 있었다고 해서 선비축제를 개발할 수 있는 것은 아니라고 본다.

셋째, "외국인 관광객이 대전에서 볼 수 있는 것은 무엇인가?"라고 반문해 보면 막상 명확한 답이 떠오르지 않는다. 대전의 무엇을 보려고 외국인이 올 수 있을까. 이에 대한 답을 찾아야 한다. 이에 대한 답을 찾는 과정이 대전의 문화, 예술, 축제 정책에 관한 대안과도 맞물리는 것이다.

대전의 독창적이고 차별적인 문화와 축제를 키우려면 첨단 과학축제와 과학문화를 활성화하는 것이 한 방안이 될 것이다. 기존의 Science Festival 같은 행사를 연중의 과학체험, 축제 · 이벤트로 확대 · 발전시키는 것이다. 구체적으로 예를 들면 대덕연구개발특구를 활용하여 한국형 원자로라든지, 전자통신연구소의 최첨단

IT연구물 전시라든지, 카이스트와 항공우주센터 등의 첨단과학 산출물을 연중으로 전시, 관람, 견학하면서 설명을 듣고 체험할 수 있는 프로그램이나 공간의 확보가 필요하다고 본다. 그리하여 '과학! 하면 대선!' '내전! 하면 과학!'이 떠오를 수 있도록 특화하여야 한다. 그러다보면 이와 연계된 시뮬레이션이나 이미지, 영상 이야기가 나오고, 자연스럽게 부가적인 영상문화 발전도 기대할 수 있다고 본다.

또한 현대적인 개념의 문화생활에 중요한 것이 음식점이다. 특별히 맛있는 음식만 있다면 아무리 멀리서도 찾아오고 지나가다가도 들릅니다. 음식 특화 혹은 먹거리문화 특화가 필요하다. 묵채와 두부 두루치기, 삼계탕, 숯골 냉면, 삼겹살 식후의 불판에 볶은 밥 등 대전에만 있는 음식과 음식점에 대한 지원과 활성화도 중요한 문화자원이며 관광자원이다. 아울러 대전의 강점이자 장점이 여러 지방 출신이 어울려 산다는 것이라면, 이를 활용한 음식문화촌이나 축제의 구상도 해 볼만 하다고 본다.

세 번째 대안도 역시 특화의 문제이다. 대전시는 '갑천 과학·관광·문화벨트 구축' 운운하면서 남문 중심의 문화예술 존, 갑천의 자연경관 존, 과학공원을 과학 존, 유성을 숙박·휴식 존이라고 내세운다. 그러면서 동시에 남문광장 등을 활용한 가족참여형 생활체육을 육성하겠다고도 한다. 여기서만 보아도 우선 남문에 문화예술과 체육이 뒤섞여 있다. 말하자면 백화점식 나열이다. 문화예술의 전당, 시립미술관, 수목원, 이응로미술관, 평송문화원에 이르는 축은, KBS전시실까지 포함하여, 말 그대로 문화예술권으로 특화하여 발전시켜야 한다고 본다. 그리하여 시민들이 그곳만 가면 무디어졌던 감성이 되살아나고, 삶의 무게에 짓눌렸던 영혼이 싱그럽게 숨 쉬면서 활력을 재충전할 수 있도록 특화하여야 하는 것이다.

갑천은 갑천대로 수질관리나 도시환경정비 차원이 아니라 월평공원과 함께 자연생태복원차원으로 나가야 한다. 청계천식 복원의 과오를 답습하면 안 된다. 대덕연구개발특구가 대전이 내세우는 만능의 도깨비방망이가 될 수 없듯이 갑천도 환경, 생태, 관광, 문화, 휴식, 웰빙 등을 모두 짊어질 수 있는 알라딘의 마술램프가 아니다. 특화하여 딱 한 가지, 자연생태복원으로 주력해야 한다. 정말 최소한의 인공만 가미하여 원래대로의 자연 하천으로 복원한다면, 그래서 온갖 잡초와 야생화가 자라고 온갖 새들과 물고기가 서식한다면, 그 자체로 관광과 문화의 명품이 될 수 있다. 적어도 일정 구간에 모든 인공구조물을 걷어내고, 한 30년 자연에 맡긴다면 차세대의 문화 명품이 되리라고 확신한다. 2007. 2 .20

2007 충청남도 문화정책 엿보기

충청남도는 1994년부터 '백제문화권 종합개발'과 '백제역사재현단지' 사업을 지속적으로 추진하고 있다. 이것은 1300년간 잊었던 백제 문화를 복원함으로써 문화적 자긍심을 고양한다는 효과가 있다. 또한 지역경제의 활성화를 통하여 주민 삶의 질을 향상할 수 있기에 기대가 되는 사업이다. 마무리를 3년 앞둔 2007년에도 차질 없이 진행이 되어야함은 마땅하다.

지역축제의 특성화와 활성화 또한 바람직한 방향이다. 한산 모시문화제, 보령 머드축제, 금산 인삼축제, 강경 젓갈축제, 서산 해미읍성 역사체험축제, 아산 성웅이순신축제 등은 지속적으로 특화하여 개발한다면 충남지역의 전통과 현대가 융화된 문화 창출도 가능하리라고 본다.

아쉬운 점이 있다면 첫째, 전통문화 재현과 현대 문화 발전을 위한 예산지원의 불균형이 너무 심하다는 것이다. 2007년의 경우 '백제문화'와 '내포문화' 등 '과거'의 복원사업에 5천억 원 이상이 투입될 예정이다. 반면에 '현재'의 지역민 문화향유를 위한 공립예술단의 공연이나 우수 예술인 발굴사업에는 불과 수십억의 예산이 배정되었을 뿐이다. 도서관, 박물관 등의 문화기반시설 확충에도 상대적으로 인색한 예산이다.

둘째, 서천이 낙후된 상황에서 내포문화권 개발에 1조가 넘는 투자가 계속되고 있으니 서천을 내포문화권 개발에 포함시킨다는 것은 설득력이 없다. 문화권이라는 것은 잔칫상에 수저 한 벌 더 놓기가 아니다. 아닌 것은 아닌 것이다.

셋째, 충남과학축전 개최 사업을 보면 열린 과학체험마당 행사 내용에 '물로켓 발사대회', '과학실험놀이' 등이 있다. 많은 과학 관련 행사에서 이미 20년 전부터 물로켓이 단골 메뉴로 등장한다. 과학하면 물로켓만 있나? 좀 더 원리적이거나 첨단적인 과학 체험 축제의 준비를 위하여 고민해야 한다.

과거와 현재 문화의 융합과 공존을 위한 한 대안으로 백제문화제의 확대, 발전 같은 사업이 있겠다. 베네치아의 가면 축제나 브라질 삼바 축제, 칸느 영화제 등 많은 특화된 축제들은 외화를 끌어들이는 중요한 인프라이며 동시에 소프트웨어이다. 관 주도의 문화제를 지양하고 공주와 부여의 지역민이 모두 능동적으로 참여하여 문화, 예술, 역사가 총 망라되는 축제가 되어야 한다. 이미

국내의 최우수문화제 중의 하나로 자리매김한 백제 문화제 '대백제전'의 국제 명품화와 백제문화의 세계문화유산 등재 등도 반드시 실현해야겠다.

둘째, 문화와 축제, 지역경제의 연계 활성화를 위한 대안으로는 'Sea Food 축제와 연계한 인근 관광코스 개발', 그리고 이와 관련한 독특한 관광기념품 개발과 홍보마케팅에 힘을 쏟아야 한다. 이를 위하여 투자개념의 전폭적 예산 지원이 필요하다. 바야흐로 서해안고속도로의 개통에 따라 충남 서해안을 찾는 관광객은 나날이 증가하고 있다. 이 호기를 서해안 지역 발전과 해양음식문화축제 개발의 원동력으로 삼아야 한다. 안면도, 간월도, 서해대교, 서산 개펄, 대천·무창포·춘장대 등의 해수욕장이 글로벌 스타가 될 날을 꿈꾸고 있다.

셋째, 천안, 아산, 당진 등과 같이 21세기 첨단산업 신도시의 도시민을 위한 문화 인프라 구축을 서둘러야 한다. 이것이 늦어지면 신흥도시 시민들 뿐만 아니라 그들의 경제력도 여러 가지 이유를 들어 수도권으로 이탈할 가능성이 있는 듯 보인다. 2007. 2. 26

크로노스의 망령

그리스 신화에 따르면 우주질서가 바로 서기 이전에 '타이탄'족이라는 거대 괴물들이 있었다. 그중 하나인 '크로노스'는 모든 것을 닥치는 대로 잡아먹는 무시무시한 괴물이었다. 그 괴물은 심지어 자식들까지 다 먹어치웠는데 오직 어머니의 도움을 받은 자식 제우스만이 목숨을 구했다. 나중에 제우스는 아버지 '크로노스'를 포함한 '타이탄'족 괴물 모두를 잡아 가둔다. 제우스에 의하여 이른바 혼돈의 세상으로서 카오스는 막을 내리고 조화로운 질서의 세상 코스모스가 열리는 것이다.

자연적으로, 무의식적으로 흘러가며 모든 것을 잡아먹던 '크로노스'는 감옥에 갇히면서 질적 변화를 겪어 '카이로스'로 변했다. '크로노스'가 물리적으로 흘러가는 무의식적, 망각의 시간이라면 '카이로스'란 목적을 가진 사람에 의하여 포착, 운용되는 의식적

시간을 말한다. 시간의 이중성을 말해주는 이 이야기는 "우리들 각 개인이 냉철한 의식을 가지고 세계의 주인이 되어 분명한 목표를 향하여 나아갈 때 시간은 정복되어 조화시대의 '카이로스'일 수 있지만, 망각과 무관심 등으로 인하여 세상을 무의식적으로 살아간다면 시간이 혼돈시대의 '크로노스' 속성을 지니고 우리를 잡아먹는다."는 것을 말해준다.

오늘은 1년 중 해가 가장 길다는 하지이다. 세월은 벌써 2007년의 반년을 잡아먹었다. 2007년 새해가 밝아올 때 많은 언론사들이 앞 다퉈 '2007년은 대선의 해' 운운하면서 갖가지 전망을 내놓았었다. 그것은 의도적인 여론몰이일 수도, 참여정부에 대한 비판일 수도, 오랜 경제 불황에 시달리는 국민에게 희망을 주는 것일 수도 있었다.

그러나 상반기를 마감하는 요즈음 매일같이 보도되는 정치판의 모습은 여론이나 비판 혹은 희망과는 사뭇 거리가 멀어 보인다. 결별과 탈당, 출마선언 등의 이합집산과 비리폭로와 의혹제기와 같은 이중구투를 보면 우리 정치인들과 국민들이 또다시 망각의 세월 '크로노스'에게 잡아먹히고 있는 것이 아닌가 하는 우려가 든다.

돌이켜 보면, 20세기 우리는 부패와 질곡, 실망과 냉소 등으로 우리를 잡아먹던 '정치'라는 타이탄 밑에서 무관심으로 생존하던 국민이었다. 그러나 21세기에 접어들면서는 막강하게 성장한 제우스 시민이 되어 괴물에 대한 반격을 시작하였다. "바꿔, 바꿔"를 내세우며 총선시민연대가 결성되어 낙선·낙천운동을 벌였던

2000년과 2004년. 변화와 개혁의 의지로 뭉쳤던, 그리고 대중 집회가 아니라 미디어 선거와 사이버정치를 도입했던 2002년 대선. '매니페스토'라며 후보공약 검증운동을 벌였던 2006년의 5·31 지방선거 등. 매번 많은 국민은 폭발적인 지지와 성원을 보내며 혼돈의 시대를 마무리할 제우스를 보았다고 믿었다.

21세기에 증폭된 시민운동은 '무관심의 시간 크로노스'를 심판하자는 염원이었다. 동시에 그것은 주권자인 국민이 정치권력을 제어하는 힘을 회복하고자 하는 성숙한 열망이었다. 그것은 냉소주의에 빠져있던 국민이 잠에서 깨어 개혁을 방해하는 걸림돌을 제거하자는 운동이기도 하였다. 그 모든 것은 '민주주의의 기저를 이루는 것은 다름 아닌 국민의 의지'라는 명백한 진리에 근거하였다.

그러나 대선이 반년도 남지 않은 오늘, 우리가 과연 희망찬 민주주의 21세기라는 뚜렷한 목표 아래 '냉철한 의식의 힘으로 운용하는 시간 카이로스'의 싹을 키우고 지켜나갈 다짐을 했었나 의심이 간다. 그러면서 우리의 제우스 시민이 잠시 동안 망각하면 '크로노스'의 망령이 되살아날 수 있음을 충분히 경계하는 것이다.

2007. 6. 22

외국인 백만 시대, 열린사회의 지향

대한민국에 사는 외국인이 100만 명을 넘었다고 한다. 3D업종 기피현상이 나타나면서 이른바 산업연수생이라는 이름으로 외국인 노동자를 받아들인 지 꼭 15년만이다. 이 시기는 우리 농촌 총각들이 아시아계 여자들과 국제결혼을 하기 시작한 시기와 거의 겹쳐진다. 또한 각 대학에서 '글로벌'을 외치며 외국인 유학생 유치경쟁에 돌입한 시기와도 맞물린다.

인구 50명당 한명이 외국인인 시대니만큼 이들에 대한 사회문화적인, 그리고 제도적인 배려가 조속히 마련되어야 한다. 그러나 이들 외국인에 대한 우리의 시선은 여전히 싸늘하다. "코리아처럼 인종차별이 심한 나라는 없다"는 이야기가 들릴 정도이다. 또 어떤 면에서는 다분히 이중적이다. TV프로그램 '미녀들의 수다'에서 증언하듯 우리는 선진국 백인에게 우호적이고 아시아계나 검은 피부의 외국인에게는 덜 우호적이다.

서울 방배동의 서래마을 같은 프랑스인 거주지는 호감을 갖고 공존을 도모하는 듯 보이지만 안산시 원곡동과 같은 외국인 노동자촌은 알게 모르게 기피의 대상이 된다. 그러나 사실은 이들 동남아 혹은 아프리카 노동자들이 우리가 기피하는 기반산업을 유지시켜주는 고마운 사람들이다. 불과 한 세대 전에 우리의 간호사나 광부들이 낯선 이국땅에서 겪은 체험을 우리는 잊지 말아야 할 것이다.

하지만 2주 전이든가. 한국남자와 결혼했던 한 베트남 여성이 서울가정법원에 고발장을 접수시켰다. 한국 땅에서 "난 씨받이로 이용당했다"는 것이다. 이혼한 40세 남자라고 해서 결혼한 베트남의 아가씨는 두 아이를 낳는 대로 본부인에게 빼앗겨 버렸다. 그 남편이 아이를 보려고 위장결혼을 한 것이다. 그 남자는 아이를 얻기 위해 죄책감도 느끼지 않고 스무 살 아가씨를 인신매매한 것에 다름 아니다. 그 여인은 현재 정신과 치료를 받고 있다고 했다. 어떻게 이럴 수가 있는가.

더 큰 문제는 21세기 대한민국에서 인신매매성 국제결혼이 늘어난다는 점이다. 중개업자들을 통해 이루어지는 이들 동남아 여성들과의 결혼은 폭력, 성적 학대, 인격 모독, 유기, 국적취득 신청기피 등 다양한 피해사례가 접수되는 것으로 알려지고 있다. 이들 여성에 대한 인권침해는 국제사회로 도약하려는 대한민국의 추악한 얼굴이 되어 우리에게 독화살로 돌아오는 부메랑임을 알아야 한다. 경우에 따라서는 국제간의 외교 갈등이 될 수도 있을 것이다. 선진국이란 단순히 소득향상으로 결정되지 않는다. 피부색과 인종의 차별 없이 평등한 인간으로 인정하는 사회가 선진국이다.

물론 부산의 대안학교인 '아시아 공동체 학교'와 같이 한국적 정체성과 어머니 나라 정체성을 동시에 키워주려는 노력이 전혀 없는 것은 아니다. 하지만 외국인 100만 명 시대에 맞는 제도로서는 어림도 없는 조족지혈이다. 국가적인 차원에서 그리고 범사회적인 정신운동으로 편견의 장벽을 허물고 다양성의 힘을 인정할 때 이들이 진정한 우리 이웃으로 거듭날 수 있을 것이다. 나아가 대한민국의 우호 지지 세력이 될 수 있을 것이다.

그것이 바로 오늘날 화두가 되고 있는 소통과 공존의 길이기도 하다. 여덟 쌍 중 한 쌍이 국제결혼을 하는 현 상황을 인정하고, 단일민족이니 '순수한 피' 등과 같은 닫힌 마음에서 벗어나야 한다. 하루가 다르게 전 지구촌이 열린사회로 나아가고 있고, 다양성을 인정하며 공존공영을 모색하는 21세기이다. 닫혀있으면 낙오와 따돌림 밖에 남는 게 없다. 북한을 비롯한 몇몇 나라에서 보고 있지 않은가. 서로를 인정하는 따뜻한 배려가 필요한 시점이다.

2007. 7. 20

하늘과 나무, 문화와 예술의 공명

고추잠자리 날개 끝에 파란 하늘이 묻어난다. 지겹던 장대비도, 맹렬하던 무더위도 어느 틈엔지 거짓말처럼 추억이 되어버렸다. 무언가 아쉽고 누군가 그리운 걸 보면 "아, 가을!" 이 분명하다. 초가을의 청량함과 주말 오후의 여유로움을 즐기기에 '한밭수목원'과 '대전문화예술의 전당' 주변 같은 곳이 또 있을까.

좀 이른 저녁에 수목원에 들어서면 온갖 풀과 나무들이 색과 향기로 계절의 변화를 일깨운다. 벌개미취와 해바라기 같은 가을꽃들이 만발해 있는가 하면 성급한 나뭇잎들은 벌써 고운 색으로 물들어간다. 인생을 나누는 중년부부의 느릿한 걸음걸이, 젊은 남녀의 뜨거운 속삭임, 그 어느 것도 튀거나 거슬리는 게 없이 조화로운 공존과 평화를 보여준다. '피톤치드'라는 용어를 모르더라도 상관없다. 그곳을 거닐며 큰 숨을 쉬다보면 긴장이 풀리고 온몸에 생기가 살아난다.

수목원을 나오면 '엑스포 남문광장'에서 역동성을 만난다. 헬멧을 쓰고 블레이드를 타는 할아버지, 자전거를 타는 할머니, 무리지어 보드를 타는 아이들… 이리저리로 수많은 곡선을 그리며 생명과 활력을 보여준다. 느림과 정적의 세계에서 빠름과 소리의 세계로 순간이동이 이루어진 느낌이다.

발길을 시립미술관으로 옮기면 여름부터 전시중인 "Mosaic City"의 세계로 빠진다. 대다수의 우리 인간이 사는 도시의 면면을 모자이크처럼 보여주는 흥미진진한 전시회이다. 도시를 과학기술시대의 새로운 매체로 탐구하는 국내외 작가들의 다양한 실험적 작품들을 정말 재미있게 감상하며 즐길 수 있다.

거기서 나와 동편을 바라보면 백색 콘크리트 건물과 소나무가 조화를 이룬 단아한 '이응노미술관'이 보인다. 하얀 미술관은 이 가을에 두 번째 기획전 "난難·호好·수髓"전을 열고 있다. 고암 이응노 화백의 '드로잉' 작품들이 일제강점기와 해방 전후, 한국전쟁과 60년대의 시간을 가로지르며 우리를 미소 짓게 만든다. 이응노미술관이 대전에 있다는 건 정말 대전의 자랑이다.

가로등에 불이 켜지고 문화예술의 전당에 오는 사람들이 북적거릴 때 미술관 앞 분수대 주변에는 또 다른 축제가 벌어진다. 여름부터 주말마다 계속된 무료야외공연은 매주 클래식과 국악, 무용, 연극 등 장르를 바꿔가며 문화예술에 목마른 시민들을 불러모은다. 보통 3~4백은 족히 넘는 가족단위 시민들이 공연장 주변에 모여, 혹은 자리를 깔고 누워서, 혹은 유모차를 끌며 걸으며 그야말로 '웰빙'을 보고 듣고 호흡한다.

잔디와 나무, 하늘과 구름, 바람이 함께하는 공간. 음악과 미술, 연극과 무용, 물과 불이 공존하는 곳. 양보다는 질을 생각하고 계량화된 드러냄보다는 함께 어우르는 포월을 추구하는 곳. 이곳이 바로 그런 곳이다. 이번 주말, 그곳에서 청량한 가을밤의 울림으로 시작하여 영혼의 떨림으로 공명하면 어떨까. 진정한 '참살이(웰빙)'를 경험하게 될 것이다. 2007. 9. 10

오래된 명품

대전, 충청을 찾아오는 손님들에게, 내국인이든 외국인이든, 마땅하게 보여줄게 없다고 생각하는 사람들이 꽤 많다. 이들에게 자신 있게 권하고 싶은 게 몇 가지 있다.

우선 대전 둔산의 '이응노미술관'이라는 세계적인 화가의 미술관을 추천한다. 이 미술관에서는 지난 5월 개관 이후 지금 제 2차 기획전 '난/호/수'전을 열고 있다. 동양의 정신을 유럽에 꽃피운 이응노는 1989년 작고할 때까지 프랑스에서 30년 넘게 활동하며 세계적인 화가로 명성을 떨쳤다. 그가 기른 외국인 제자, 미술가들도 수백에 이르고, 남긴 작품은 만여 점이 넘는다. '군상'이나 '문자추상' 같은 회화작품뿐만 아니라 돌이든, 나무든, 플라스틱이든, 부엌 주방용품이든, 가구든 그의 눈에 띄는 것은 모두가 그림이나 조각의 도구가 되었다.

특히 이 미술관은 국내에서 처음 시도된 '백색 콘크리트' 건축물로서 프랑스의 유명한 미술관 전문 건축가 '로랑 보두앵'에 의하여 설계되어 지어진 의미 있는 건축물이다. 더구나 주변에는 시립미술관과 대전 문화예술의 전당, 한밭수목원, 갑천 등이 어우러져 문화와 휴식 그리고 재충전의 포근한 공간을 연출하고 있다. 그야말로 참살이(웰빙)의 공간인 셈이다. 그러나 불행하게도 세계 유일의 이 미술관을 지역민도 잘 모르고 있다. 관광객과 세계인을 끌어들이기 전에 우선 지역에 알려지고 지역에서부터 사랑을 받아야 하겠다.

적극 추천하고 싶은 또 다른 한 가지는 계족산 북쪽 자락에서 대청호에 이르는 이른바 '장동 산림욕장'이다. 그곳은 울창한 숲으로 일찍부터 시민의 사랑을 받아온 곳이다. 더욱이 최근에 창조적 사고를 하는 한 기업인의 투자 덕분에 세계적인 명소가 되어가고 있다. 그곳의 산책로 10여 킬로에 황토를 깔아 맨발로 산책과 마라톤을 할 수 있게 만들어 놓은 것이다. 그 후 '마사이 마라톤' 혹은 '맨발 걷기대회' 등의 국내외 행사가 개최되면서 전국적인 유명세를 넘어 세계적 명소로 자리매김 되고 있다.

특히 매월 두 번째 토요일 오후에는 여정 중간에 작은 오케스트라단도 초청하여 숲속에서 걸으며 혹은 달리며 음악을 감상할 수 있게 하였다. 맨발로 대지의 기운을 느끼면서, 파란 하늘을 숨 쉬면서, 게다가 고운 멜로디의 선율을 만난다는 것은 그야말로 극도의 호사가 아니겠는가. 이것보다 더한 '웰빙'이 있을까.

소문이 나면서 다른 지자체에서도 같은 것을 만들라는 지시가 내렸다고도 하고, 또 인도양의 한 작은 나라 내무부 장관은 내방하여 직접 맨발로 걸어보며 자기네 나라에도 만들겠다고 했다는 소식도 들린다. 그러자 정부 고위층에서는 '도대체 계족산이 어디야?'하며 관심을 표하기도 했다는 풍문도 들린다.

보여줄 것 한 가지를 덧붙인다면 '대전둘레산길잇기'와 '청주삼백리걷기' 운동에 동참해 보는 것이다. 대전 둘레의 산 120여 km를 12구간으로 나누어 매월 둘째 토요일 진행하는 둘레산잇기 운동은 매번 100여 명의 시민이 참가한다. '청주삼백리' 걷기도 매월 첫 토요일에 시민들이 자발적으로 모여 지역의 산을 밟고 유적을 답사하며 고향을 배운다. 청주와 대전의 두 시민들이 교차로 방문하며 우정도 나눈다.

이런 것들이 관광 상품이고 문화상품이고 명품이 된다. 그렇다. 명품이라는 것은 이렇게 삶의 질을 고양시키는, 삶에 도움이 되는, 그래서 사람들이 자발적으로 빨려 들어가 찾게 되는 것이다. 대전 둘레의 산이나 장동 숲에 갈 때마다 느끼는 것은 "숲이야말로, 자연이야말로 우리 인류의 '오래된 미래' 혹은 '오래된 명품'"이라는 확신이다. 2007. 9. 28

가을에 더욱 아쉬운 '존재양식'

가을이 깊어간다. 먼 산이 갈아입은 붉은 치마를 차치하더라도 시내 가로수와 아파트 단지 내의 유실수, 대학 캠퍼스나 공원의 정원수 등이 형형색색으로 한결같이 가을을 찬미한다. 다양한 색조의 잎사귀와 온갖 종류의 열매들은 웅변한다. "봄이나 꽃만이 최고는 아니라고. 젊음만 아름다운 것이 아니라고."

가을의 아름다움을 더하는 것은 노란 은행잎이나 빨간 단풍만이 아니다. 허성해진 잎사귀 사이로 보이는 열매들, 과실들이 어쩌면 더 가을을 느끼게 한다. 9월 하순에 잎보다 먼저 노랗게 변하여 주렁주렁하던 은행열매, 송이가 터진 밤, 나날이 붉어가는 대추, 노랗게 익어가는 모과, 노랑에서 주황색으로 투명하게 변하는 감, 노리개 장식 같은 산수유, 핏빛으로 익어가는 석류, 소녀 볼 같은 사과 등 모두가 자연의 축복이요, 계절의 전령사이다.

예전에는 버드나무나 플라타너스 일색이던 가로수의 수종이 바뀌고 공원과 아파트 단지 내에 유실수를 심기 시작하면서 이렇게 우리는 수확의 계절을 나름대로 느끼게 되었다. 동시에 정서적으로 풍성함을 누린다. 그것은 회색의 도시에 살면서 경험하기 힘든 자연친화적, 생태 환경적 기쁨이다.

그러나 이따금씩 출퇴근길에, 혹은 시내를 지나다가 유실수의 열매를 터는 어른들을 목격한다. 9월 하순이면 자동차가 쌩쌩 달리는 대로변에서 또는 공원이나 대학 캠퍼스에서, 특히 은행열매를 많이 턴다. 경우에 따라서는 부부가 일당이 되어 가지도 분지른다. 그들이 할머니, 할아버지인 경우도 밉지만 중장년일 때는 더 참을 수 없다.

요즘에는 아파트 단지 내에서 대추나, 감, 모과를 딴다. 주로 새벽에. 아이들이 아니라 멀쩡한 어른들이다. 그들을 볼 때마다 그들에게 돈을 주고 싶어진다. 그러면서 "웬만하면 '동작 그만!' 하고, 시장에 가서 사먹으라" 고 말하고 싶다. 그들이 굶주려서, 먹을 게 없어서 열매를 털까? 식구들이 그 노획품을 반겨서일까? 팔아서 용돈을 삼으려는 것일까? 아닐 것이다. 그냥, 장난삼아 혹은 몹쓸 소유욕에서 그러리라 여겨진다.

또 있다. 벌써 초가을부터 우리나라 산들은 불법 채집, 채취자들에 의하여 형편없이 망가진다. 여름내 키워왔던 야성의 숲이 단번에 허물어진다. 각종 버섯을 캔다고 여기 저기 산허리에 길을 내놓고, 밤을 줍는다고 혹은 도토리묵을 쑨다고 삼삼오오 다니면서 야생동물들의 식량을 싹쓸이 한다. 자랑스럽게, 희희낙락하면서.

배낭가득 도토리를 채우고 내려오면서 '오늘은 건강도 챙기고 일당도 챙겼다'고 자위한다. 그들에게도 묻고 싶다. "왜 그렇게 가학적이고, 이기적이고, 소유욕에 사로잡혔느냐고."

굳이 에릭 프롬의 유명한 저서 『소유냐 존재냐』를 동원하지 않더라도 타자에 대한 소유욕망은 인간을 타락시킨다. 소유욕은 대상을 가리지도 않고 한계도 없기 때문이다. 열매를 보면 따고 싶고, 꽃을 보면 꺾고 싶고, 조약돌과 몽돌을 보면 슬쩍 주머니 속에 넣고 싶다. 그 뿐인가 춘란을 보면 기어코 캐다가 베란다에 옮겨놓고자 한다.

이렇게 살면 나눔을 모르게 된다. 공유와 소통을 망각하게 된다. 그러면 남는 것은 고립과 미움, 질투와 같은 것들 아닌가. 그래서 프롬은 이러한 '소유양식'을 '존재양식'으로 변환하여야 한다고 주창했던 것이다. 마땅히 생존이나 생활에 필수적인 소유는 있어야겠지만 그 외의 것들에 대하여는 '존재'로서 대하면서 향유할 줄 알아야 할 것이다. 존재가치를 중하게 여기면 공유와 공생에 이어 소통과 대화, 인간과 자연 사이의 사랑을 누릴 것이기 때문이다. 2007. 10. 25

도시에는 길이 없다

색이 바란 나뭇잎들이 떨어졌다. 채 지지 못한 잎들이 아쉬움에 남아 매달려 있어도, 오히려 그것으로 삭정이 가지 끝은 더욱 휑하다. 흔들리는 가지가 찬바람을 보여준다. 그래서 시인 신영순은 "가을도 늙는구나/ … / 꼬들꼬들해진 생각을 매단/ 허공도 낡아간다"고 읊었는지 모르겠다.

낙엽이 떨어진 산길, 숲길은 여름과는 전혀 다른 모습을 연출한다. 울창한 나뭇잎에 숨겨져 있던 새로운 세계를 드러내 놓는 것이다. 잎에 가려 안 보이던 길도 보인다. 꽤 길게, 꽤 멀리까지 드러난 산길, 숲길을 보면 참 꼬불꼬불하다. 그 길을 가는 등산객들의 행렬도 꼬불꼬불하다. 그러고 보니 길이란 모두 그런 것 같다. 모두가 곡선이다. 어린 시절 고기를 잡으러 다니던 둑길도, 친구들과 술래잡기를 하던 골목길도, 사랑을 속삭이던 돌담길도 모두다 굽었었다. 그 곡선 속에서 우리는 행복했다.

지금도 굽은 길, 에움길을 걷노라면 여유가 있고, 사색이 있고, 관조가 있다. 그렇다. 구불구불한 길이 자연스럽고 굽은 길이 편안하다. 곡선의 길이 인간적이고 따뜻하다. 어쩌면 우리 모두의 인생도 좌절과 번민, 방황이 있는 굽은 길일 것이다. 누구에게나 삶의 굽이굽이마다 수많은 사연이 아롱져 새겨진 굴곡의 길이 인생이다. 그것은 마치 올라가고, 내려가고, 꼬부라지는 들길, 산길에 온갖 꽃들이 흐드러진 것과 같은 이치이다.

그러나 도시에는 길이 없다. 종로, 을지로, 동서로, 계룡로 같은 도로만 있다. 도시의 도로는 굽어있지 않다. 직선을 지향한다. 효율성과 속도라는 '광기의 질주'를 추구한다. '길의 철학'이 없고 '도로의 논리'만 존재한다. '과정'의 아름다움이 거부되고 단지 신속하게 도착해야 하는 '결과'가 목적이 된다. 그래서 기계적이고 차갑다. 비인간적이고 어느 때는 살벌하기도 하다. 온통 직선뿐이기에 그렇다.

그 속에 사는 사람들은 인생도 길이 아니라 도로라고 생각하는 듯하다. '무조건 빠르게, 무조건 더 높이'라는 구호 아래 자녀들을 획일적으로 몰아 부친다. '의대와 법대에만 가면 네 인생이 탄탄대로'라고 말한다. 선행학습을 시키고, 똑바로 앞만 보게 하고, 일등부터 꼴등까지 일렬로 줄을 세운다. 온통 직선의 잣대와 직선의 칼날을 들이댄다. 이렇게 자라는 아이들은 서로를 안아주고 보듬어주는 방법을 알지 못한다. 생명운동가 황대권의 말처럼 서로를 아끼고 감싸는 영혼의 아름다움은 곡선에 가까울 것이므로 그렇다.

그의 지적처럼 우리는 언제부터인가 직선을 대량으로 만들어내었다. 구불구불하던 물길, 산길, 고갯길, 해안선을 뭉개고, 자르고, 없애고, 메우면서 오로지 '도로의 논리'만을 생각했다. 그러나 그럴수록 마음은 더 조급해지고 사람들 사이는 더 멀어졌다. 이제 돌아가는 굽은 길, 여유가 있는 곡선의 길을 회복할 때다. 스페인의 조각가요 건축가인 가우디의 작품이 아름답게 증언하고 있지 아니한가. 2007. 11. 15

문화, 정책의 변두리가 아니다

제17대 대선이 채 한 달도 안 남았다. 그러나 가을을 지나면서 요동치기 시작한 대선구도는 여전히 불투명하고 혼미한 상태이다. 선거에서 당연히 주요 관심사가 되어야 할 후보자의 철학과 자질, 도덕성, 정책, 정당이념 등은 무대 뒤로 사라졌다. 그 대신 연일 폭로, 음해, 검찰수사, 정치공작, 흑색비방 같은 선동적인 어휘만이 난무한다. 이제 국민에게 '정책선거'라는 단어가 낯설게 느껴진다. 모든 후보들이 경제문제에 초점을 맞추기에 경제정책만큼은 기대했던 국민들도 진흙탕 싸움과 합종연횡에 진저리를 치고 등을 돌리는 듯 보인다.

'21세기는 문화의 세기'라는 보편적인 단어을 모든 정당과 모든 후보들이 모르지는 않을 것이다. 오늘날 일상대화, 정치담론, 학술·예술담론 등을 두루 아울러 문화라는 말처럼 많이 쓰이는 키워드는 드물기 때문이다. 문화란 "작거나 큰 인간 공동체에 고유한 삶의 양식이나 그 총체적 장치"를 가리키므로, 어떤 인간집단이 하나의 생활공동체를 이루며 살아가는 가운데 만들어 낸 모든 것이다. 여기에는 의식주 및 언어 풍속 등이 모두 속한다. 우리를 둘러싸고 있는 모든 것, 즉 모든 환경이 이제는 문화이다.

그러나 문화정책에 관한 각 진영의 공약은 경제와 사회복지, 통일, 외교 등의 사안에 밀려 분명하게 제시되고 있지 못하다. 이러한 현상은 각 후보가 문화를 과거처럼 주변적인 협의의 분야로 생각하는 것 아닌가 하는 의구심을 자아내기에 충분하다. 프랑스의 자크 시라라크 대통령이 이미 2001년에 "세계화의 압박에 대한 대응책은 문화적 다양성이다."라고 말하면서 '문화권은 인권의 일부이다'라고 선언한 것을 상기한다면 문화에 대한 우리 정치권의 냉대는 시대착오적인 것 같기도 하다.

이명박 후보는 10만 문화인재 양성, 지방 문화센터 및 미술관 지원 확대, '대운하' 공약과 연계한 문화·레저·스포츠·관광시설 건립 등을 약속했고, 정동영 후보는 '문화 사랑방' 1000개 조성, 찾아가는 문화예술 지원확대 등을 포함한 '창조적 한국 프로젝트 7대 공약'을 내세웠다. 이에 비해 문국현 후보는 '문화+생태관광'과 같은 컨버전스 문화 지향, 고령문화와 다문화 대비, 지역문화를 육성 등을 주장한다. 권영길 후보는 문화휴가제 실시, 공교육의 문화예술교육 흡수, 공공문화시설 무료입장제 등을 공약하고, 이인제 후보는 문화산업의 국가전략 산업화 추진과 예술진흥을 강조한다.

이렇게 보면 모든 후보들이 우리 시대가 문화, 예술의 시대임을 인정하고는 있다. 그러나 모두 원론적이고 추상적이다. 이러한 정책이 제대로 추진되려면 예산이 뒷받침돼야 함에도 불구하고, 낭비 예산을 줄여서 한다는 식으로 소요되는 예산을 구체적으로 산정한 후보가 없음이 이를 반증한다.

미래사회의 화두 중의 하나는 소통과 통합이다. 국제간, 동서간, 남북간, 도농간, 빈부간, 노소간의 소통과 통합이 부재한다면 우리 사회는 비틀거리다가 무너지게 될 것이다. 이 절박한 소통과 통합의 매개자로서 자연스럽게 기능할 수 있는 것은 철학과 논리의 설득이 아니다. 그것이 바로 문화고 예술이다. 문화는 단절과 양극화의 치유방법인 것이다. 문화의 중요성이 여기에서 기인한다. 따라서 문화적 접근 통로, 문화의 소통로를 만들어야 한다.

서울 중심, 대도시 중심을 넘어 전국 어디서나, 언제나, 누구나 문화를 접하고 향유하게 해야 한다. 이를 위하여 지역문화가 글로벌 시대에서 살아남도록 지역문화예산의 대폭 확충, 지역문화콘텐츠 산업지원 확대, 지역 전통문화와 대중문화의 연계육성에 관한 정책을 가다듬어야 할 것으로 본다. 아울러 문화창달을 위한 전문인력과 계승발전을 위한 후속세대 양성을 목표로 장기적이고 구체적인 전략도 세워야 할 것이다. 2007. 11. 20

지역살림, 아쉬움과 좌절을 딛고 일어서야!

되돌아보면 늘 그렇다고는 하지만 우리 고장의 지난 1년은 아쉬움이 더 많았던 해였다. 1년 내내 대선구도에 묻혀 지역살림은 안 드러나는 듯 했지만, 지역민들이 피부로 공과를 느끼는 것은 오히려 시정이고 도정일 수밖에 없다.

시 내부에서 진행하는 원도심 유턴 프로젝트, 자전거전용도로 확대를 포함한 사람중심의 녹색교통문화 지향, 3000만 그루 나무심기, 도시철도 완전개통, 이응노미술관 개관, 대전경찰청 개청, 컨벤션센터 완공 등은 나름대로 완성되었거나 의미 있는 과정을 진행하고 있는 듯 보인다.

그러나 대전은 중앙부처와 관련되거나 다른 지방자치단체와 경쟁을 하던 사업들에서는 줄줄이 좌절을 겪어야 했다. '대덕 R&D 특구법'은 발효된 지 2년 반이 지나가고 있지만 대전에 아무런 도움도 가져온 것이 없어 보인다. 대전은 지난 상반기에 '자기부상열차 시범노선 사업자선정'에서 탈락했다. 대덕특구라는 배경과 풍부한 연구 인력, 시험노선을 운용 중이라는 유리한 조건들이 모두 허사였다. 하반기에는 '로봇 랜드' 유치에 힘을 경주했으나 또 실패했다. 보건복지부가 추진 중인 '첨단의료산업단지 조성사업'도 전망이 밝은 것만은 아닌 것 같다. 대덕특구라는 허울 때문에 오히려 역차별만 받으면서 실속은 전혀 못 챙기는 것 아닌가 하는 의구심이 팽배한 것은 어찌 보면 당연하다.

이명박 대통령당선자가 내걸었던 지역관련 공약은 대전의 이런 상황을 잘 파악한 데서 나왔다고 볼 수 있다. "대덕 첨단기술 산업화단지, 첨단과학기술 테마벨트, 로봇 연구 및 생산 클러스터 구축, 자기부상열차 연구·생산 집적화 단지, 암전문 치료장비 개발 집적화 단지 등의 조성과 세종시권역 광역연계교통망 구축"은 모두가 우리의 바람을 그대로 반영하는 화려한 공약이다. 말 그대로 국가발전을 선도하는 과학기술 메카로서, 행정, 과학, 국방, 교통, 물류의 중추도시로서 비상할 지 지켜볼 일이다.

충청남도의 경우 서북부지역을 중심으로 중화학공업(대산의 석유화학공업, 당진의 철강산업)과 첨단산업(천안·아산의 디스플레이산업)이 주도하여 최고의 수출실적을 내고 있다. 더구나 태안지역이 정주형 종합관광레저 기업도시로 선정되었고, 도청 이전 예정지인 홍성과 예산, 그리고 세종시가 신도시로 개발되기 때문에 고금이 조화로운 새로운 미래지향적 정체성 모색을 경주하였다. 새로운 기획의 '대백제전'도 그 일환으로 읽힌다.

그러나 12월의 원유유출 사고는 충남의 모든 '빛'을 '그림자'로 바꿀 만큼 어마어마한 재앙이었다. 이 세기적 사고에 의한 환경파괴와 생태계 교란은 예측할 수조차 없을 만큼 엄청나다. 자칫하면 청정지역 태안 기업도시의 꿈도 타격을 입을지 모르겠다. 새해에 충청남도는 이 피해에서 벗어나기 위한 노력을 각별하게 해야 할 것이다. 아울러 이 사건이 한반도 대운하공약에 경종이 되길 기대한다. 2007. 12. 28

3
그 사잇길

"교실 이데아"

그저께는 7월 5일이었다. 출근길에 어느 방송에선가 "오늘은 추어탕 먹는 날이래요. 왜냐구요? 칠이(7/2)가 추어를 연상시키잖아요. 자 오늘 추어탕 먹고 힘냅시다."라는 말이 흘러나왔다. 농담반 진담반, 믿거나 말거나 식의 개그 수준이었다. 하기야 5월 2일을 오이(5/2)의 날로 정했듯이 그럴 수도 있겠구나 싶었다.

그러나 필자의 기억 속에 자리한 지난해 7월 5일은 교육적으로 굉장한 날이었다. 교육현장의 작은 변화였지만 거의 혁신적인 날이었다. 하지만 지금은 서운하게도 대다수 사람들이 그 내용을 기억하지 못한다.

서울시 교육위원회에서는 작년 7월 5일부터 초·중·고, 모든 학교에서 사용되고 있는 "차려!", "경례!"라는 구령을 전면적으로 없애기로 했다. "차려!" "경례!"는 수업시간마다 시작과 끝에 선생님과 학생들이 하는 인사법이었다. 그것은 어른들 누구나 학창시절에 늘 그랬었고, 그래서 당연한 것으로 생각했다. 아니, 너무 당연하므로 사실은 그 인사법에 대하여 생각해 본 적도 없었다.

그런데 수업시간에 그렇게 군대의 구령에 맞추어 강제적으로 인사하는 방식은 단지 일본과 중국 그리고 우리나라에만 있는 것이었다. 많은 사람들이 의식을 못하고 있다가 그 뉴스에 깜짝 놀랐다. 그리고 생각해보니, "아, 저런 인사법 문제도 물음표 한 번 제대로 들이대지 못한 타성의 문제였구나. 그렇지, 저것도 군국주의 일제시대의 잔재면서 동시에 군사문화의 흔적이구나…" 하고 반성이 되었다.

사실 그랬다. 인사법 문제가 처음 나왔을 때, 대학교 수업시간을 생각해 봤나. 교수가 강의실에 들어가면 교단 중앙에 다가가기도 전에 몇 학생들은 먼저 인사를 건넨다. "교수님, 안녕하세요?"라든지 "교수님 넥타이 멋져요!", 또 어떤 때는 "교수님, 얼굴이 부었네요. 어제 술 많이 드셨죠?" 이런 인사도 한다. 물론 많은 학생들은 여전히 떠들지만 말이다.

하지만 교수가 "안녕하세요? 날씨가 참 좋군요!"라든지, "안녕하세요? 점심 먹었어요?"… 뭐, 이런 인사를 건네면 전체가 답례를 한다. 물론 튀는 학생들은 몇 마디 덧붙이기도 한다. 그러면 분위기가 화기애애해지고 마음이 오고감을 느낄 수가 있다. 저절로 편안하게 수업이 시작된다. 대학생활을 거친 누구에게나 대학에 들어간 후, '차려' '경례'가 없어졌는데 그건 또, "대학이니까…"

하면서 그냥 받아들였던 것이다.

차제에 생각해 보니까 학교에 남은 군사문화의 잔재는 아직도 상당하다. 그것은 '훈육'이라는 말이나 '수능과의 전쟁'에서 보듯 언어에도 남아있고, 귀밑머리 2센티나 스커트 무릎 아래 5센티와 같이 강요된 일사불란함에도 잔존한다.

학교란 무엇인가. 학교야말로 자유로운 분위기에서 창의력을 계발하는 공간 아닌가. 그럼에도 불구하고 우리들의 학교에서는 머리카락이나 치마의 길이를 제한하고 신발 및 양말의 색깔마저 규정하고 있다. 21세기가 문화의 시대이고 그 21세기를 짊어지고 나갈 아이들에게 필요한 것은 상상력 고양이라고 앵무새처럼 되뇌면서 우리는 여전히, 아무런 반성도 없이, 타성과 관성에 젖어있는 것이다. 흔히 하는 말처럼 21세기의 아이들을 20세기의 학교에서 19세기의 선생님들이 19세기적인 사고와 가치관으로 가르치고 지도하는 것이다.

학교는 당연히 외적인 통제 없이 개성을 키우는 공간으로 거듭나야 한다. 이런 의미에서 국가인권위원회에서 최근에 내린 결정은 두 손 들어 환영할 일이다. 이른바 '고속도로'로 대표되는 "두발단속 같은 제한은 학생들의 인권을 침해할 수 있다"는 결정이 어떻게 이제야 내려질 수 있었나 하는 만시지탄도 생긴다. 국가인권위원회의 이번 해석이 참 생명을 양육하는 '교실 이데아'의 단초이길 기대한다.

낙엽 쓰는 시지프스

안개가 채 가시지 않은 출근 길. 교정에 들어서 차창을 열면 이른 아침 가을 공기가 가슴 가득 깊숙이 파고든다. 상큼하다. 눈을 들면 어느 틈엔지 은행잎이 노랗게 변하고 있다. 느티나무는 이미 색이 바랬고, 목백합의 넓은 낙엽들은 길 위에서 뒹군다. 정녕 가을이다.

"삭삭, 삭삭!" 비질 소리에 이어 뿌연 안개 속에서 낙엽 쓰는 청소부의 모습이 드러난다. 여덟 시가 갓 넘었는데 모아놓은 낙엽더미가 벌써 상당하다. 언제 출근을 했을까… 청소부가 쓸며 지나온 길 위에 무심한 낙엽은 한 잎 두 잎 또 내려앉는다.

문득 비질하는 아저씨 얼굴에 시지프스가 겹쳐진다. 신들을 부정한 대가로 거대한 바위덩어리를 산꼭대기로 밀어 올리는 형벌을 받은 시지프스. 수백 번, 수만 번 다시 굴러 내려오는 바위. 끊임없이 되풀이 되는 긴장된 노동. 비오는 듯 흐르는 땀, 그 땀에 흙범벅이 된 상처 난 어깨, 고통마저 일상이 된 깊고 깊은 눈동자…

카뮈는 인간을 모순된 존재로 본다. 그러나 이성을 가진 존재인 인간에게는 합리의 욕망이 있는 까닭에 모순된 세계의 뜻을 알아내고자 한다. 그런데 이 세계에는 우리 이성으로 알아볼 수 있을 만한 아무런 뜻도 없다. 카뮈는 『시지프스의 신화』에서 그것을 고백한다.

인간이 가지고 있는 '합리를 향한 욕망'과 '세계에 대한 몰이해.' 바로 이 이율배반으로부터 생기는 모순이 카뮈의 부조리이다. 이 부조리는 피치 못할 숙명인 '인간조건'이기도 하다. 그러나 흔히 우리는 부조리를 느끼지 못한 채 살고 있다. 의식이 졸고 있기 때문이다. 카뮈에 따르면 의식이 완전히 깨어나서 부조리를 명확히 의식할 때에야 비로소 인간이 인간다울 수 있다. 그러므로 부조리의 인식이야말로 인간의 존엄성이기도 한 것이다.

카뮈는 모순되고 부조리한 세상 속에서 우리는 '그렇지만 살아야 한다'고 말한다. 그 말에는 생명의 약동이 숨 쉬고 있다. 왜냐하면 그것은 무엇보다도 삶을 향한 긍정이기 때문이다. 있는 그대로 받아들이면서 삶을 긍정하는 태도, 그것이 다름 아닌 카뮈의 '반항'이다.

그런 의미에서 바위를 산꼭대기로 굴려 올리는 시지프스는 위대하다. 순간적인 휴식을 가지며 내려올 때 시지프스는 자신의 조건에 대하여 생각하기 때문이다. 다시 바위로 다가가는 시지프스는 이미 운명을 극복한 영웅이다. 내일 다시 낙엽을 쓸게 될 아저

씨도 마찬가지일 것이다. 무심한 가을 잎은 또 찬바람에 날린다. 하염없이 내려앉는다. 2005. 10. 17

조류독감과 기러기

이번 가을에 접어들면서 세계적인 경각심을 불러일으키는 것은 멕시코 만에서 계속 발생하고 있는 허리케인과 그 후속 피해상황 속보가 아니다. 그렇다고 이라크의 테러 소식이나 파키스탄의 지진피해 보도도 아니다. 세계인의 눈과 귀를 사로잡는 그것은 바로 전 세계를 두려움에 떨게 하는 조류독감이다. H5N1형 인플루엔자의 사람 감염과 그 변종의 전염확산 예상은 모든 나라를 긴장시키며 각국의 관계 보건당국을 부산하게 만들고 있다.

조류독감이 무서운 까닭은 그 바이러스가 1918년 창궐했던 스페인 독감과 유사하기 때문이다. 당시 스페인 독감은 세계에서 5천만 명의 사망자를 낸 엄청난 재앙이었다. 항—바이러스제나 항생제가 없던 당시와 현대의학을 비교할 수는 없다. 그러나 요즘 조류독감이 사람으로 건너뛰는 것은 '생물학적으로 불가피'하다는 주장이 힘을 얻고 있다. 인도네시아 대통령은 '지진해일보다 더 큰 재앙을 초래할 것'이라고 경고하기도 하였다.

이미 태국과 베트남, 인도네시아 같은 아시아는 물론이고 터키와 루마니아에서도 조류독감이 나타났다. 영국에서도 조류독감 바이러스가 발견되었고 스위스, 독일, 오스트리아는 조류독감 감염을 막고자 모든 가금류의 방목을 금지했다고 외신은 전한다. 유럽연합과 미국을 포함하여 말 그대로 전 세계가 긴장하며 예방백신 확보에 주력하고 있다.

한편 조류독감의 매개자로 알려진 철새가 난데없이 홀대를 받게 된 상황이 벌어지고 있다. 특히 대한민국에서는 철새의 대표주자격인 '기러기'가 양산되면서 '기러기 증후군'이 전염에 전염을 거쳐 확산을 거듭하고 있다. 이 병은 조류독감보다 더 무섭고 더 치명적일 수 있다는 경고가 있었지만 아무도 귀를 기울이지 않았다. 그러다가 최근에 첫 사망자가 나왔다.

부인과 자녀를 미국에 보내고 6년이나 홀로 살던 50대 건축사 '기러기 아빠'가 죽었다. 사망 당시 그 기러기는 보증금 2천만 원, 월세 40만 원짜리 10평 원룸에 혼자 살고 있었다. 닷새 만에 알려진 그의 죽음은 기러기 신드롬이 얼마나 못된 질병인지 드러나는 기회가 되었다. 보도에 의하면 그는 평소 고혈압으로 시달리면서도 술·담배를 끊지 못했다. 거기에는 외로움과 학비 걱정이 큰 몫을 했을 것이다. 가정도 없는 그가 한 일은 이른바 '돈 버는 기계' 역할뿐이었을 지 모른다. 두려운 건 이 죽음이 빙산의 일각에 불과할 수 있다는 점이다.

지난해 조기유학으로 대한민국을 탈출한 초·중·고 학생들이 서울에서만 1만 2천여 명이고 전국적으로는 2만 명이 넘었다. 이에 따라 외국으로 유출된 교육비는 모두 7조 원 정도였고 올해는 10조원에 이를 것이라고 재경부는 추정한다. 기러기의 규모에 대한 정확한 통계는 없다. 하지만 엄마의 보살핌이 불가피한 초 · 중등학생이 70% 이상이고 보면 줄잡아 약 1만 5천 명 가까운 기러기 아빠의 규모가 헤아려진다.

기러기의 위험성은 이미 예고되어 있었다. 가정이란 과연 무엇이고 교육이란 과연 무엇인가. 기러기 아빠 현상은 어떻게든 자식의 경쟁력을 확보하겠다는 근시안적인 생각, 아버지는 돈 버는 기계 혹은 가계를 책임지는 마당쇠라는 위상 전락, '나라고 빠질 수냐' 하는 어머니의 경쟁심리 등에서 비롯되었다. 그러나 부부와 가족을 포함한 인간관계는 떨어지는 순간 성격이 변할 개연성이 있다. 이미 국내에서는 기러기 아빠들의 일탈과 국외에서는 기러기 엄마들의 부적절한 행동이 도를 넘고 있다는 이야기는 이미 오래 되었다. 오죽하면 뉴질랜드 오클랜드에는 '오과부'라는 말이 나돌까.

봄이 바라보는 계절이라면 가을은 돌아보는 계절이다. 그래서 다 같이 묻는다. 가정이란 무엇인가? 기러기는 앞서가는 당연함인가? 정치란 무얼 살피고 고민해야 하는가? 2005. 10. 27

어느 가학성 가을 명상

봄은 오르고 돋아나고 피어난다. 물이 오르고, 싹이 돋고, 꽃이 피고, 아시랑이도 피어오른다. 마음마저 두둥실 떠올라 꿈을 꾸고 무언가를 동경한다. 그래서 봄은 멀리 내다보고 바라보는 계절이 된다. 이른바 상승의 철, '들림'의 계절이다.

반면에 가을은 맺히고 내리고 떨어진다. 열매가 맺히고, 서리가 내리고, 색 바랜 낙엽이 떨어진다. 마음마저 '휑~'하니 뚫려 괜한 찬바람에 주저앉는다. 그래서 가을은 추억하고 돌아보는 계절이 된다. 말하자면 하강의 철, '내림'의 계절이다.

그러나 이 오름과 내림은 '신들림'과 '신 내림'이란 말에서 보듯이 둘이면서 동시에 하나이다. 오르는 것은 늘 내림을 함축하고 있고, 떨어지는 것은 언제나 다시 피어남을 담보한다. 상승과 하강이 변증법적으로 서로 얽혀서 세월의 구비를 이루고 내다봄과

돌아봄이 반죽되어 우리 삶의 결을 만든다. 세상은 그런 것이다.

가을이 깊을 대로 깊었다. 사색하기에 딱 좋다. 하지만 이 돌아보는 계절에 대한민국은 또다시 연례적 광기에 사로잡힌다. 수능시험이 코앞에 닥친 것이다. 고교 3년생들과 재수생들은 물론이고 대입 수험생을 둔 집안은 전체가 난리다. 아니 차라리 폭풍 전 고요다.

그러나, 그러나 숨을 고르고, 돌아보자. 이 '생난리'는 어디서 오는 것인가. 우리는 왜 우리 아이들이 의사나 법조계 인사가 되길 바라는 걸까. 왜 금년에도 상위 성적 1~2%의 젊은이들을 법대나 의대로 몰아붙이는 걸까. 그 밑바닥에는 돈이 자리하고 있다. 저울 같은 평형과 균형, 혹은 히포크라테스 선서는 책 속에만 있을 뿐 이미 그 빛을 잃은 지 오래다.

자연인으로 인간이 가장 어려운 상황에서, 다시 말하면 늙고 병들고 아플 때 찾는 게 의사라면 사회인으로서 인간이 스스로 헤쳐 나갈 수 없을 때, 다시 말하면 누명이나 모함, 억울함에 몰릴 때 두드리는 문이 법의 문이다. 의사와 변호사는 아이러니하게도 가장 약한 상태의 인간을 수단으로 밥벌이를 하는 것이다. 심지어 적지 않은 경우 부당하게 치부도 한다. 그렇다면 그건 가학이다.

물론 이름에 걸맞은 의료인과 법조인이 우리 사회를 버티고 있으리라 믿는다. 그러나 한편 우리 사회는 왜 이렇게 가학 지향적으로 변해가는 지 우려스럽다. 회의가 된다. 아이들이 스스로 꿈꾸고 돌아보게 하면 어떨까. '들림과 내림'의 변주곡을 자유롭게 연주하라면 어떨까. 한 발 물러서서 되돌아보면 답이 보인다. 어차피 가을은 생각하는 계절 아닌가. 2005. 11. 17

창窓

기차 여행을 할 때면 괜히 마음이 설렌다. 비록 일시적이긴 하지만 현실을 떠나는 것 같다. 특히 차창밖의 변화무쌍한 풍경들은 지친 삶에 신선한 청량제가 된다. 그 풍경들은 우리가 창을 통해 세상을 본다는 것을 일깨워준다. 창이 바뀌면 세상도 바뀜을 환기시킨다. 그렇다. 우리는 창을 통하여 세상을 바라보고 대화하며 때로는 내면을 다진다. 그래서 우리 삶의 마디마디에는 창과 연결된 추억이 있다.

초등학교 시절 대청소 때마다 창문에 걸터앉아 뽀드득 뽀드득 창문을 닦았다. 그것은 세상을 깨끗하게, 더욱 분명하게 보기 위함이었을 것이다. 비 내리는 날이면 창가에 기대어 하염없이 밖을 응시하였다. 창문에 부딪히는 빗줄기, 바람에 흔들리는 나뭇가지, 오가는 행인들의 우산을 바라보았다. 그러면서 우리는 세상과 대화를 나누었다. 어린 시절 창문에 입김을 호— 불고 글씨를 써보지 않은 사람이 누가 있을까? 지금은 기억할 수 없지만, 수 없는 단어들, 이름들, 문장들을 손가락으로 그리던 일은 내면을 다지는 행위에 다름 아니었다.

대문이든 쪽문이든 문은 몸이 드나드는 공간이지만 창은 이렇게 마음이 들고나는 공간이 다. 문은 이동을 전제로 하지만 창은 머물음을 전제로 한다. 움직임이 많은 현대 사회이고 보면 자연히 문을 많이 이용하여 몸이 많이 드나든다. 그러나 이에 비례하여 마음이 오고가는 것은 아니다. 마음이 다니는 길은 창이기 때문이다. 그래서 언제나 애틋한 사랑은 창가에서 이루어졌고 사랑의 세레나데는 창을 넘어 들려왔던 것이다. 또한 같이 자라 같은 세계관을 가진 이들을 동창同窓이라 부르는 것도 같은 연유이리라.

문명이 발날하넌서 우리에게 새로운 두 개의 창이 생겼다. 하나는 사실보다는 허구와 조작의 비율이 높은 텔레비전이라는 창이다. 많은 사람들이 텔레비전을 통하여 세상을 본다. 정보의 선택과 판단마저 그 창에 의존한다. 모든 것이 조작되고 마비되는 것이다.

다른 하나는 컴퓨터 모니터라는 창이다. 이 창에는 진실과 거짓이 혼재한다. 엄청난 정보가 있지만 어느 것이 필요한 정보인지 알기 힘들다. 이 창에 들어가면 익명의 인간들이, 아니 익명의 기호들이 득실거린다. 그래서 이곳의 언어는 차갑고 파괴적이고 비인간적이다. 텔레비전과 컴퓨터 그 어느 것도 마음이 드나들 여지는 없다.

오늘의 우리에게 필요한 것은 마음이 움직이는 창을 바라보는 일이다. 우두커니 창을 보며 마음을 달래는 일이다. 마음의 창을 열면 세상이 달라진다. 계절이 느껴진다. 2006. 2. 9

초봄의 전설 꿰뚫기

야구가 난리다. 아니 난리도 아니다. 이건 기적이고 전설이다. 그렇다. 2006년 초봄의 전설이다. 30년간 눈물을 씹게 만들겠다고 장담하던 일본을 이겼다. 그것도 두 번씩이나 완벽하게 꺾었다. 선수들 연봉 총액이 우리 선수들의 20배가 넘는다는 미국도 초토화시켰다. 야구 종주국의 콧대를 짓눌러버린 것이다.

'월드 베이스볼 클래식'에서 6전 전승으로 4강에 진출한 우리 선수단 소식을 들으면서 전 국민이 들떠있다. 엔도르핀이 솟아 연신 벙글거린다. 끝을 모르는 불황과 불경기로 침울하던 표정이 거짓말같이 환하게 바뀌었다. 아, "대~한민국!"

모든 스포츠가 저마다 어느 정도는 세상살이를 닮았을 것이다. 그러나 특히 야구는 인생을 완벽하게 닮은 것 같다. 선수는 집(홈)을 떠나서 인생살이를 시작한다. 자력으로 루상에 나가기도 하고 타인의 도움으로 진루하기도 한다. 경우에 따라서는 적인 상대편의 예기치 않던 도움으로 진루할 수도 있다. 반대로 병살타를 친 자기편에 의하여 좌절하기도 한다. 이런 저런 드라마를 겪은 후에 집으로 돌아온다. 한 점이 난 것이다.

야구처럼 인생을 보여주는 놀이도 있다. 윷놀이가 그것이다. 집을 떠난 말이 도나 개처럼 느리게 나아가기도 하고, 마치 장타를 친 것처럼 윷이나 모를 하여 빨리 가기도 한다. 친구 혹은 동료와 인생을 함께 하듯 같은 색의 말이 두 개 혹은 세 개 동행하기도 한다. '물러서는 도'를 하면 나간 길을 되돌아오기도 한다. 먹고 먹히는 적과의 대결을 극적으로 겪으면서 집으로 돌아온다.

인생살이를 보여주는 많은 동화나 이야기들이 사실은 야구나 윷놀이와 똑같은 구도, 똑같은 문법을 지니고 있다. 인생을 말하는 것이므로 그렇다. 생각해보자. 콩쥐나 신데렐라, 아니면 백설공주나 홍길동… 누구든지 이런 저런 이유로 집을 떠난다. 인생의 여정에서 같은 편을 만나 힘을 얻고 즐거워도 하지만 적을 만나 숱한 고생을 겪기도 한다. 성공과 실패를 반복하면서 나름대로 인생의 무늬를 짠다. 그리고 마침내 점수가 나듯이 금의환향한다. 그러면 파장이다. 무대의 막이 내리는 것이다.

그렇다. 인생은 바로 이런 것이다. 그러나 21세기 대한민국 부모들은 자식들을 품에 두고 싶어 한다. 오냐 오냐 키우면서 온실 속에만 있길 바란다. 다칠까 넘어질까 내보낼 수가 없다. 그래서 자식들은 몸집만 컸지 자립심이 없다. 겉만 대학생이지 독창성도 독립심도 없다. 루상에 나가질 못한다. 하지만 언제까지 슬하에 둘

것인가. 언제까지 부모 품을 안 떠날 것인가. 바로 내일 모레면 해가 저물고 게임은 끝날지 모른다.

다시 야구를 보면서 인생을 배우자. 세상살이의 이치를 꿰뚫어 읽어보자. 아, "대~한민국!" 2006. 3. 16

콩 났으면 콩 심은 거, 맞다!

지름 10센티쯤 되는 반투명 플라스틱 원통에 커피 찌꺼기가 제법 쌓여 있었다. 밑바닥엔 작은 구멍이 나 있고 또 다른 조금 큰 통에 걸쳐있었다. 일종의 이중 화분인 셈이었다. 딸아이는 콩 싹이 날 거라고 했다. 아내는 그것을 식당과 연결된 부엌 창턱에 놓았다. 어쩌면 아내가 이따금씩 물을 주었는지 모른다. 또 애당초 커피 찌꺼기 속에 약간의 비료가 포함되어 있었는지도 모른다.

어느 날 싹이 돋기 시작했다. 이틀도 채 안 되어 엄지손가락 마디만한 떡잎이 모습을 드러냈다. 한쪽 떡잎엔 '스타벅스', 다른 쪽 떡잎엔 영문으로 'STARBUCKS'라는 글자가 새겨져 있었다. 어느 커피 집에서 홍보 전략으로 나누어준 모양이었다. 신기했다. 처음에는 고개를 숙인 모습이더니 바로 빳빳해졌다. 곧이어 벌어진 떡

잎 사이로 새로운 본줄기와 잎이 돋았다. 엄청난 생명력이었다. 정말 굉장했다.

아내는 벙글거리며, "어마, 신기해라! 어쩌면 떡잎이 이렇게 클 수가 있죠? 가운데 새로 돋은 순 좀 봐요. 엄청나네!" 야단을 떨었다. "콩 심은데 콩 난 걸 가지고 뭘 그래? 응, 저건 「자크와 콩나무」의 그 콩인가 보네. 크긴 참 크다, 그치?" 맞장구를 쳤다.

이따금씩 접시나 유리컵에 고구마, 감자, 양파, 마늘, 미나리 등의 싹을 키워 본 적이 없는 건 아니었다. 그러나 그건 모두 어느 정도 생명의 싹이 예측된 것이었다. 하지만 이번에는 달랐다. 씨앗이 보이지 않았었다. 커피 찌꺼기 속에서, 그 혹독한 어둠 속에서 생명이 솟은 것이었다. '커피 찌꺼기 속에서도 싹이 트는구나! 하기야 우리 윗세대는 술지게미(술 찌꺼기) 얻어먹고 취하면서도 자랐다더라.' 속으로 생각했다. 하지만 그래도 감동은 컸다.

우리 정부는 베트남전 혼혈인 라이따이한과 외국에 사는 현지 혼혈인 코피노 등이 대한민국 국적 취득을 원할 경우에 국적을 부여하는 방안을 검토하고 있다고 한다. 물론 한국인 아버지가 부재하거나 친자관계 확인을 거부하더라도 객관적 입증자료만 있으면 가능할 것이라고 한다. 또한 결혼을 통해 우리나라에 이주한 국적 취득 전의 외국여성 가운데 생활능력이 없는 사람들, 한국 국적의 미성년 자녀를 양육하는 '여성 결혼 이민자'에게도 국민기초생활보장법 수급권자로 지원을 받게 된다고 한다.

이런 뉴스에 '이제야 콩 심은 걸 인정하는구나.'라는 생각이 들었다. 저들 혼혈의 콩 줄기들은 사실 커피 찌꺼기 보다 더 어둡고 혹독하고 싸늘한 환경에서 생존했을 것이다. 어디 그들에게 우리 집 창턱의 콩처럼 감동과 애정의 시선을 준 사람들이 있겠는가… 이번 결정은 늦은 감은 있지만 다양성의 민주사회로 나아가는 중요한 발걸음임에 틀림없다.

사실 우리는 미식 축구영웅 하인즈 워드와 그 어머니 운운하면서도 뿌리 깊은 인종편견을 가지고 있다. 우리는 정말 피에 관한 한 특히 배타적이고 이율배반적이다. 비록 전쟁 중이든, 어둠 속이든, 따돌림 와중에서든, 콩이 났으면 콩을 심었던 것 아닌가…

그래서 오늘 아침 바라보는 콩 싹은 더 진한 감동으로 다가온다. 며칠 뒤에는 좀 더 큰 화분으로 옮겨 심어야겠다. 2006. 4. 27

일색一色의 현기증

네 차례의 국가대표 최종평가전이 시작되면서부터였나보다. 온갖 언론은 월드컵 축구대회에 상당한 시간과 지면을 할애했다. 온 세상이 마치 월드컵 축구대회를 위해 존재하는 듯 착각하게 만들었다. 평가전이 있을 때면 스크린은 붉은 티셔츠를 입은 응원단을 비추는 데 경쟁하는 것 같기도 했다.

물론 2002년의 붉은 물결을 기억한다. 그 해 한 달은 아침부터 거리도 교정도 술렁거렸다. 전국에 붉은 물결이 파도를 이루었다. 정말 온 국민이 한마음이었다. 이러한 열광은 평생 처음이었다. 빨간색보다 더 붉은, 붉은 색보다 더 뜨거운 무언가가 모두의 가슴속에서 타오르고 있었다. 그 열정은 우리에게 긍지이기도 했다.

당시 600만장 이상 팔렸다는 빨간 티셔츠! 내가 입은 티셔츠에도 "Be The Reds!"라고 적혀 있었다. 티셔츠를 사던 순간에도 그

랬지만 TV 화면에 'Be The Reds!'라는 글귀가 비추일 때마다 묘한 해방감을 느낀 것은 나만이 아니었을 것이다. 그러한 느낌은 "이제는 이데올로기의 사슬 혹은 냉전적 사고방식에서 자유로워지고 있구나." 하는 확인에서 오는 것이었다. 빨간 색이란 우리에게 반세기 가깝게 금기의 색이었기에 더 그랬다.

그러나 4년이 지난 오늘, 다시 전국에 붉은 함성이 연출되는 걸 보면서 마음이 편하지 못하다. 단일색의 공허, 혹은 한 가지 목소리의 허약함을 알기에 그렇다. 얼마 전 지방선거 개표방송에서 전국이 파랗게 변함을 그래픽으로 보여줄 때 콧등에 땀이 맺히는 걸 경험했다. 불과 일주일이 못되어 스크린에 붉은 색이 일색으로 비치니 또 한 번 현기증이 생긴다.

부모가 자식을 오해하는 경우 중의 하나가 성적에 관한 것이다. 자식이 어쩌다 우등상을 타거나 장학생이 되면 '내 자식은 우등생이고 장학생'이라며 동네방네 떠벌이는 것이다. 대부분은 중간 정도 성적인데도 말이다. 그러면서 다음에도, 또 그 다음에도 같은 성적을 기대한다. 그 기대는 흔히 실망으로 이어진다. 같은 맥락에서 이번 월드컵에 대한 과도한 기대와 섣부른 실망, 일색의 응원을 경계한다.

문제는 더 있다. 누군가 지적했듯이 "태극 전사戰士가 월드컵에 출전出戰하여 적敵을 평정平定하고 개선凱旋할 수 있도록 열두 번째 전사로서 지원사격支援射擊"하자는 식의 군대용어 남발이 무분별하게 받아들여진다는 것이다. 스포츠는 정녕 나라 사이의 전쟁과 같은 것인가? 스포츠정신은 초등학교 바른생활 교과서에만 나오는 사어死語인가?

이번 주 개막을 시작으로 분위기는 더 후끈 달아오를 것이다. 붉은 함성이 더 이상 노예화된 욕망의 표출이 아니길, 거대 자본을 향한 자발적 예속이 아니길 바라는 마음 간절하다. 그래서 문화시민연대의 '반월드컵 캠페인' 소식은 가뭄 속의 빗줄기처럼 신선하고 청량하다.

아, "대~한민국!" "짝짝 짝짝 짝!" 2006. 6. 5

'우먼파워'를 향한 갈채

지난 1월 말 대전광역시 교육위원회와 충청남도 교육위원회는 각각 중등교사 임용시험 합격자를 발표하였다. 대전의 경우 총 합격자 164명 가운데 여성이 116명으로 70%를 차지하였고, 충남에서는 230명의 합격자 중 여성 합격자가 73%인 168명이나 되었다.

유치원과 초등교사의 대부분이 여성이라서 유소년의 보살핌에 문제가 있다는 뉴스를 접하던 것이 불과 얼마 전이다. 하지만 이젠 바야흐로 중등 교육계마저 여성인력이 절반을 넘어서고 있다. 이러한 현상의 장단점은 차치하고라도, 일단 사회 각 분야에 걸친 '우먼파워'의 약진은 많은 변화를 예고하고 있다. 동시에 상당한 구조 개혁이 가능하리라는 기대도 불러일으킨다.

일찍이 금녀의 벽을 허물고 이미 변화의 돌풍을 일으키고 있는 분야도 있다. 그 단적인 예가 사관학교이다. 사관학교는 1997년 공군사관학교를 시작으로, 98년 육군사관학교, 99년 해군사관학교 순으로 금녀의 벽을 허물었다. 지금까지 모두 250명 이상의 여성 장교를 배출하여 육군 보병장교와 여성 보라매 전투조종사를 포함하여 항해, 항공, 정훈 등의 분야에서 이들 여성 장교들은 뛰어난 기량을 보이고 있다. 특히 지난해에는 해군사관학교에 이어 공군사관학교에서도 여생도가 수석졸업의 영예를 차지한 바 있다.

그 뿐이 아니다. 지난 1월 16일 사법연수원의 발표에 따르면 올해 사법연수원을 수료한 연수생 중 판검사 임용을 지원한 여성 비율이 사상 최대였다. 총 수료자 975명 가운데 판검사를 지원한 수료자는 190명이었으며 이 가운데 여성 지원자는 102명으로 53.7%에 달했다. 검사를 지원한 100명 중 44명(44%)이 여성인 반면, 판사를 지원한 90명 중에는 여성이 무려 58명(64.4%)이었다. 올해 전체 연수원 수료자 975명 중 여성은 242명(24.8%)으로 여성 수료자 비율이 가장 높았던 지난해 여성 비율(20.8%)을 훨씬 넘어섰다.

이 외에도 각종 국가고시와 의사고시, 7급, 9급 공무원 시험에서도 여성들의 두드러진 약진이 화제가 된 것은 한두 번이 아니다. 특히 작금에 이르러서는 '한국여성민우회'나 '여성정치 네트워크' 등과 같은 단체들을 통하여 여성의 정치 참여를 위한 길도 모색하고 있는 중이다. 늦은 감이 있긴 하지만 우리 사회가 양성평등을 향하여 바람직하게 나가고 있다는 증거이다.

그럼에도 불구하고 대한민국은 경제활동에 참여하는 여성 비율이 여전히 낮은 것이 사실이다. 지난해 한국여성개발원에 따르면 특히 고학력 여성의 경제활동 비율은 55.7%로 OECD 평균인 78%보다 한참 낮은 수준이다. 이것은 터키 71.1%, 멕시코 71.2%보다도 낮다. 특히 의사결정을 내릴 수 있는 고위직의 인력활용지수를 보면 한국은 60위권에 그쳤다.

우리나라가 2010년 국민소득 2만 달러에 도달하려면 연간 6.%의 성장을 해야 한다. 이 목표를 달성하기 위하여 남성과 똑같은 교육을 받은 여성들이 사회 각 분야에 대등하게 참여하여야 한다는 당위성이 대두된다. 사회 절반의 힘인 '우먼파워'의 활용 없이는 경제 성장도 선진국 진입도 불가능하기 때문이다. 기존 선진사회가 이를 증언하고 있다.

이러한 상황에서 아직도 구태의연하게 아들을 선호한다거나 남성중심의 사고를 한다는 것, 혹은 아내를 '집사람', '안사람'만으로 가두는 것은 시대착오적이다. 시대의 흐름을 제대로 읽지 못하고 심지어 역행했을 때의 폐해를 우리는 지난 100여 년간 통한으로 겪어왔지 않은가. 2007. 2. 2

교육정책에 관한 시대착오적 논란

'3불정책'이란 대학입학 본고사, 고등학교의 등급제, 대학 기여입학제 등 세 가지를 허용하지 않는다는 교육정책이다. '제갈공명'이 나타나도 풀기 힘들다는 대한민국의 현 교육상황에서 그나마 사교육의 폐해와 교육기회의 불평등, 대학운영의 불투명성을 최소한도로 줄이려는 궁여지책이 바로 3불정책인 것이다.

그러나 새 학기가 시작되자마자 이의 폐지 논란이 거세다. "대학 성장과 경쟁력 확보의 암초 같은 존재"가 바로 3불정책이라면서 서울대 장기발전계획위원회가 이것의 폐지를 주장했다. 이어서 일부 사립대학교 총장들이 가세하였고 수구언론과 보수정치권도 편승한 모습을 보였다.

이에 대하여 한국대학교육협의회 회장(권영건 안동대 총장)은 기여입학제나 대입본고사는 대부분 대학에서 실효성이 없고, 대부분 대학이 부정적인 의견을 보이고 있다며 대교협의 공식입장이 아니라고 했다. 특히 고교등급제는 시골에서 지방 대도시로, 지방 대도시에서 다시 강남으로 '교육 이사'를 초래하고 사교육의 무한경쟁을 예고할 것이라는 위험도 지적했다. 많은 사립대 총장들도 "이것은 전체 사립대의 의견이 아니다"라고 밝혔다.

그러나 논란은 교육계를 넘어 정치계, 경제계, 언론계까지 확대되고 심지어 대립되고 있는 현상을 보인다. 그렇다면 우리 대학교육이 질적으로 성장하지 못하고 국제경쟁력을 확보하지 못하는 것은 과연 3불정책 때문일까.

첫째, 고등학교 졸업생들이 창의적인 상상력을 가지지 못한 이유는 적어도 12년 이상 놀 때 놀지 못하고 쉴 때 쉬지 못하며, 공교육과 사교육을 통하여 공히, 개성이 말살되는 암기위주의 교육을 받았기 때문이다. 이에 대한 개선책은 고교입시 부활을 통한 고교등급제나 대입본고사가 아니다. 그것은 오히려 내신중심의 입시제도 실현과 고교교육 정상화에서 해법을 찾아야 한다.

둘째, 대입 본고사만이 대학의 자율성 확보인가. 아니다. 자율성을 꼭 좋은 재원을 독점하는 데에만 끌어들일 필요는 없다고 본다. 선진국의 더 많은 대학들이 본고사 대신 성장과정에서 누적된 여러 객관적인 자료들을 대학입시에 활용하고 있다. 대학은 좋은 재원을 확보하기 위한 다양한 방법을 정말 자율적으로 개발함이 옳다. 본고사 부활은 사교육의 무한경쟁과 처절한 입시지옥을 불러 올 것이다.

셋째, 우리의 사교육 문제는 어디서 비롯되는가. 그것의 근원을 거슬러 올라가면 이른바 'SKY' 대학을 비롯한 소수 명문대학의 학벌과 인맥이 누리는 독과점적 지위에 편입되고자 하는 욕망의 발현이다. 일단 거기에 합격하고 졸업만 하면, 즉 간판만 따면, 공개적이고 객관적 평가에 관계없이 권력과 부에 쉽게 근접할 수 있다는 것이 모든 애 키우는 '엄마'의 믿음 아니던가. 대학의 경쟁력 강화는 학벌타파가 지름길이다.

넷째, 고교등급제가 부활되어서는 안 된다. 이미 지금도 사회경제적 계층에 따라 대학입시에서도 양극화가 심화되는 것이 사실이다. 고교의 등급제는 학교간 서열을 고착화하고 그에 따라 학교간 경쟁은 오히려 실종될 것이다. 그러나 어쩌면 그래서, 고교 동문회나 대학 선후배의 기득권적 울타리를 누려본 엘리트 장년층은 오히려 그 향수에 젖어 있을지도 모른다. 그래서 부활을, 조선시대의 양반계급 같은 것의 회복을 꿈꿀지도 모른다.

끝으로 기여입학제를 허용하여 돈으로 학생을 차별하려 한다면 더 이상 대학도, 국가도 아니다. 태생적 교육기회 불평등과 계층의 양분화, 대물림을 인정하면서 사회통합 혹은 국가통합을 운운할 수는 없지 않은가. 아, 우리가 지향하는 것은 민주복지국가인가 아니면 제정로마의 계급사회 귀족국가인가. 2007. 3. 30

일류 시민의식과 우리 사이의 거리

일어나지 않았어야 할 사건이 발생한 지 열흘이 지났다. 지난 며칠 동안 적어도 우리나라와 미국은 사건 후유증으로 심한 정신적 충격과 고통을 겪었을 것이다. 오랜 치유의 시간이 필요하겠으나 일단 버지니아 공과대학이 정상화되어 가면서 이제는 다소 차분하게 사건을 바라볼 수 있을 것 같다.

우선, 32개가 아니라 33개의 추모석과 꽃다발이 놓인 것에서 우리는 선진 일류국가 미국의 당당한 모습을 본다. 지난 20일, 사건 희생자들의 장례식이 이어지는 가운데 학교 중앙광장에는 조승희 씨의 추모석도 함께 놓였다. 조 씨마저 가해자가 아닌 피해자라는 발상은 용서와 화해의 마음으로 분노를 극복하고 상처를 치료하려는 분위기를 웅변한다.

조 씨의 추모석에는 "너를 미워하지 않아. … 네가 그렇게 절실히 필요로 했던 도움을 받지 못했다니 가슴이 아프다. … 우리가 너무 이기적이어서 네가 그렇게 분노했다는 생각을 해본다. 친구가 돼주지 못해 미안해."라는 편지가 놓였다. 또한 많은 사람들의 가슴에 자리한 분노가 용서로 바뀌기를 기원하는 글도 있었다.

미국 필라델피아의 한 신문은 4월 20일 사설을 이렇게 시작한다. "친애하는 한국에게. 사과를 멈춰 달라. 버지니아공대 총기난사사건은 당신들 잘못이 아니다. 우리가 잘못 판단하지 않도록 해달라. 이번 사건 이후 주한 미 대사관 앞에서 이뤄진 촛불 추모식과 세 번에 걸친 대통령의 충격 표시 등은 감동적이고 인상적이었다. 하지만 용의자는 어렸을 때 미국에 이민 와서 여기에서 키워졌다. 아마도 그를 잘 보살피지 못한 우리가 당신에게 사과해야 하는 것일 수 있다. (…) 우리는 한국인들이 미국의 한국 이민자들이 잘못된 보복 공격을 당할까 걱정하고 있다는 소식에 당황했다. (…)"

이러한 분위기는 많은 무고한 목숨을 무참하게 앗아간 학살의 범인이 '한국인'이 아니라한 '사회부적응자'라는 시민의식을 보여준다. 그는 미국사회가 따뜻하게 보살피지 못했기 때문에 반사회적으로 변질된 또 다른 '희생자'라는 것이다. 관용의 정신에서 나오는 이러한 의식은 원망이나 미움보다는 안타까움과 용서의 여론을 주도한다. 이 얼마나 당당하고 의연한 선진 시민의식인가.

또한 특파원들이 전하는 바에 따르면, "내 자식 살려내라"는 부르짖음도, "누가 책임질 것이냐"는 악다구니도 없이 조용히 '나와 우리의 탓'으로 문제를 돌리는 것 같다고 한다. 이러한 성숙한 시민정신은 '네 탓'을 찾는 데만 익숙한 우리에게 단순한 배움과 일깨움을 뛰어넘는 감동이다. 이것은 사건의 전모가 채 밝혀지기도 전에 책임을 추궁하고, 마녀사냥을 즐기며 누군가 희생양을 만들어야 속이 풀리는 우리와는 분명 다르다.

반면에 우리 언론과 대다수 우리 국민은 그 사건을 미국 사회의 구조적인 문제에서 비롯된 사건이라고 보지 않았다. 특히 사건 초반에는 우리 국민과 우리 민족을 아우르는 '우리'가 창피하고 죄스러운 일이라고 보는 경향을 보였다. '한민족의 범죄' 운운하는 여론을 접하며 집단적 배타주의와 국수주의를 보았던 것은 기우였을까. 만약에 '한국판 조승희 사건'이 일어나면 우리사회는 어떻게 할까? 분명 우리 사회나 한 개인의 문제가 아니라 출신국민 전체를 싸잡아 통렬하게 비난할 것 같다.

한국 국적을 취득하는 외국인이 늘어나고 있다. 외국인과의 결혼도 매년 5만 명을 넘는다. 법적으로 완전히 한국인이 된 귀화자들과 그 자녀들마저 차별과 편견의 덫을 벗어나지 못하는 것이 우리의 현실이다. 하물며 외국인 신분인 이주노동자나 나아가 불법체류자 등이 겪는 차별과 편견은 말할 것도 없다. 이번 사건을 계기로 우리도 우리 안의 외국인을 대하는 태도를 돌아봐야 한다.

2007. 4. 27

사랑과 감사의 변증법

5월 25일! 계절의 여왕 5월도 저물어간다. 꽃이 피는 4월만 현란한 게 아니다. 5월은 꽃대궐 4월에 뒤지지 않게 화려하고 싱싱하다. 녹음이 꽃보다 아름답다는 걸 새삼 느낀다. 그래서인지 5월에는 기념일과 축제의 날들이 몰려있다. 각종 유통업체와 쇼핑몰에서는 이미 5월이 되기 전부터 '사랑과 감사의 달'을 부각시키면서 판촉경쟁에 열을 올렸다. 한 달 내내 가족 간의 사랑, 경노와 효친, 스승의 은혜 등을 부추기면서 선물의 구매를 재촉했다. 사랑과 감사를 물질의 많고 적음으로 평가하려는 성향만 경계한다면, 사랑과 감사는 5월의 초저녁처럼 정말 부드럽고 청량한 어휘들이다.

사랑과 감사는 자주 함께 쓰인다. 그러나 어린이날과 성년의 날 같은 날에는 사랑에 비중이 실리고 어버이날이나 스승의 날 같은 때에는 감사에 무게중심이 놓인다. 마침 새롭게 정해진 부부의 날은 사랑과 감사가 함께 녹아들어 있는 날이어야 한다. 물이나 공기처럼 정말 소중하고 필요하지만, 늘 가까이 있기에 상대를 향한 사랑도 상대에 대한 감사도 잊고 지내는 것이 부부이다. 방송사들의 각종 드라마가 부부 사이의 불신과 불륜을 이야기 하더라도 부부는 진정 사랑과 감사를 동시에 바쳐야 할 소중한 존재들임에 틀림없다.

사랑과 감사는 비슷한 이미지를 갖지만 분명하게 구별되는 어휘들이다. 사랑의 주체는 자기이고 감사의 중심은 타인 혹은 대상이다.

사랑이란 기꺼이 행하는 것이다. 조건 없이 몸과 마음을, 경우에 따라서는 시간과 영혼마저 던지는 것이다. 자발적으로 앞서 행하는 힘이다. 능동의 양태이다. 사랑은 역동의 에너지이다. 스스로 피어나는 뜨거움이다. 실제로 향하는 대상이 누구이든 무엇이든 사랑의 불씨는 얼마나 소중한 것이냐. 그래서 사랑은 불의 모습을 갖는다. 양陽이다. 양의 속성을 지닌 사랑은 모든 것을 싹틔우고 키워내는 빛이고, 볕인 것이다. 그것은 생명의 진화와 발전을 있게 하는 힘이다. 프로메테우스의 전망이다.

반면에 감사는 선행한 어떤 일에 대한 반응이다. 자신의 몸과 마음에 가해진 일종의 자극stimulus에 감응response하는 것이다. 늘 뭔가를 받고 감사하므로 수동의 양태에 가깝다. 그렇다. 감사는 공손한 자세와 겸손한 마음에서 우러난다. 자신을 낮추어야 하고 스스로 내려가야 한다. 낮은 곳을 향한다는 점에서 감사는 물의 이미지를 띤다. 그러므로 감사는 굳이 노자를 들먹이지 않더라도 음陰의 속성을 가진다. 모든 것을 받아들이고 아우르는 바다가 된다. 그늘이 된다. 생명의 원천으로서 삶을 잉태한 어둠이 된다.

헬레니즘으로 대표되는 서양문명은 다분히 사랑만을 강조한다. 그러니 능동적이어야 했다. 더 빨리 더 높이 더 세게 더 멀리 나아갔다. 앞만 보고 달렸다. 가히 불의 문명이었다. 하지만 세기가 바뀌기도 전에 그것은 위기에 봉착했다.

놀랍게도 탈출구는 동양문화 속에 있다. 그것은 감사의 마음이다. 감사는 자기중심에서 벗어난 머리 숙임이다. 수동적이라서 느리고 낮아도, 약하고 가까워도 거기 넉넉함과 행복이 있다. 21세기 대안으로 떠오른 것은 바로 물의 문명이요 여성적 문화인 것이다.

5월을 보내며 반추해본다. 사랑을 위해 과감하다가도, 감사의 날에는 씀씀이에 수없이 망설이지 않았는가. 혹시 감사를 외면한 건 아니었을까. 모든 것에 진정 감사했는가. 2007. 5. 25

간판의 사회 병리학

거리를 걷다보면 골목마다 뭔가 복잡하고 답답하다. 무질서한 원색 덩어리들이 시선을 어지럽힌다. 대한민국의 어느 도시나 마찬가지이다. 우리의 시야를 어수선하게 하는 것은 바로 간판이다. 많은 건물들이 간판에 가려있다. 대부분 건물은 안 보이고 간판만 보인다.

프랑스를 비롯한 유럽의 여러 도시를 여행하면서 저절로 느끼는 건 도시의 쾌적함이다. 나무가 많아 시야도 시원하고 물청소 덕분에 공기도 깨끗한 건 사실이다. 그러나 우리에게 인상적인 것은 간판이 눈에 안 띄는 건물들이다. 비록 오래되어 퇴색된 낡은 건물이라 할지라도 선진 외국에서는 간판대신 건물이 보인다.

그곳에는 간판이 없는가? 아니다. 있지만 대부분 무척 작다. 또한 건물의 색과 형태에 조화를 맞추어서 튀지 않는다. 아무리 유명한 박물관이나 최고의 대학, 최고의 의상실이나 명품 브랜드의 부티크라 할지라도 건물 벽에 붙은 간판이 시선을 끄는 경우는 거의 없다. 간판이 드러나지 않아도 그곳을 찾을 수 있는 것은 그 가게의 신용과 명성이거나 주소와 같은 기본적인 사회 정보체계이다.

그러므로 그곳에서는 건물이 살아난다. 설계사나 건축가의 창작품으로서 건물이 개성을 으스댄다. 많은 경우 그 건물을 지은 건축가 이름이 벽에 새겨져 있기도 하다. 또 그곳에 어느 유명한 작가나 예술가가 언제부터 언제까지 살았는지 하는 기록도 붙어 있다. 그러나 그 모든 것들이 현란하게 눈을 유혹하지는 않는다. 담담하게 정보를 제공할 뿐이다.

우리의 경우 훌륭한 건축사가 멋진 설계를 하고 건물을 지어도 건축물이 가려진다. 크고 작은 오만가지 원색의 간판만이 건물마다 경쟁적으로 어지러울 뿐이다. 어디 그뿐인가. 각종 광고 현수막이 얽히고설킨 전선줄과 경쟁을 한다. 마치 "누가 더 보는 이의 시선을 어지럽힐까?"라는 듯이. 이쯤 되면 간판도 공해고 사회악이다.

우리 사회에서 간판이 판을 치는 것은 단지 물리적인 공간만이 아니다. 간판의 득세는 개인을 넘어 사회 병리적 현상으로 고착되었다. 신정아 전 동국대교수 사건 이후 최근 연일 이어지는 교수들, 방송인, 연예인 등의 학력허위 논란이 이를 반증한다. 학력이란 다름 아닌 간판 아닌가.

개인의 능력 유무에 관계없이 학연, 지연, 혈연이 판을 치는 사회, 어떤 심성의 교수, 의사가 될 것인가는 아랑곳하지 않고 그냥 무조건 되면 된다고 생각하는 사회, 유학 후 대학에 출강하는 사람이면 실력 있는 레슨선생이라고 생각하는 사회… 이것들이 다 우리 사회의 간판 신드롬이고 간판 병리학이다.

대학에 출강한다는 간판보다는 내 아이에게 잘 맞는 레슨선생님인가 살피는 것, 뉴욕에서 유학했다는 간판보다는 우리 회사의 영업 부서에서 필요로 하는 능력이 얼마나 있는지 꼼꼼히 따지는 것, 특정 대학을 나왔다는 간판보다는 어느 전공을 얼마나 충실하게 공부했는지 비교하는 것, 전문직이라는 간판보다는 삶을 향해 열린 마음이 있는 사람을 애인으로 삼겠다는 생각… 이런 것들이 말하자면 간판을 걷어내고 본 모습을 보게 하는 첩경일 것이다.

간판을 걷어낸다는 건 곧 개별 건물의 다양한 아름다운 모습을 그대로 보이게 만드는 일이다. 그래서 우리가 사는 곳을 쾌적하고 균형 있게, 동시에 다양성이 숨 쉬게 만드는 일이다. 그것은 또한 학력이라는 간판 뒤에 숨은 개개의 인격체를 당당하게 간판 앞으로 불러내는 일이다. 동시에 그것은 학력 위조나 허위 학력과 같은 전근대적인 사회 병리현상을 없애는 일이며 우리의 젊은이들을 공정한 미래로 나아가게 하는 일이다. 2007. 8. 17

낙엽, 그리움의 편지

봄이 떠나감의 계절이라면 가을은 돌아옴의 계절이다. 봄이 꿈을 좇는 동경의 시절이라면 가을은 '이제는 돌아와 거울 앞에 선' 관조의 시절이다. 그래서 봄이 아지랑이처럼 피어오르는 상승의 계절인 반면, 가을은 낙엽처럼 흩날리다가 내려앉는 하강의 계절이다. 봄의 속성에서 '유랑성'을 보고 가을에게서 '정착성'을 느끼는 것은 바로 이 때문이다.

어딘가에 오르고자 정신없는 계절, 그 봄에는 그리움이 없다. 희망과 기대, 욕망이 있을 뿐이다. 그러나 돌아와 대지에 발을 디디는 가을에는 역설적이게도 그리움이 있다. 회한과 아쉬움, 외로움이 있다. 자기 정체성에 대한 반추가 동반된다.

그래서 가을에는 수구초심首邱初心의 마음으로 고향을 찾는다. 성묘를 하며 뿌리를 찾는다. 오랜 친구를 만나 살다 지친 마음을 달래고 상처를 다스린다. 따라서 봄이 외형적, 물리적 성장을 추구하는 행동의 계절이라면 가을은 내적, 정신적 성숙을 가져오는 사색의 계절이 된다.

해가 뉘엿뉘엿 비춰는 오후나 깊어 가는 가을밤은 이 사색의 계절에 참 잘 어울린다. 더욱더 잘 어울리는 것은 백열등을 머리맡에 밝히고 하얀 종이 위에 써 내려가는 편지이다. 가을밤에 쓰는 편지는 비록 그것이 정호승의 「새벽편지」가 아니더라도, 김사인의 「밤에 쓰는 편지」 연작이 아니더라도 묘한 마력을 지닌다. 그것은 곧잘 고백록이 되기도 하고 참회록이 되기도 한다.

그런 의미에서 가을 편지는 언어의 전달기능만을 추구하는 것이 아니다. 그것은 언어의 표현기능만으로 족하다. 굳이 상대방에게 어떤 의사전달을 위해서 쓰는 것이 아니라 부치지 않을 편지, 받는 이 없는 편지라도 좋다는 말이다. 이러한 편지를 쓰다보면 자신의 육성을 듣게 된다. 평소에 듣지 못하던 자기의 그 목소리를 통하여 자기 생에 대한 되새김이 이루어지고 걸어온 길에 대한 반성이 이루어진다.

그러나 불행하게도 우리는 지금 편지를 잃은 시대에 살고 있다. 편지는 이미 오래 전에 전화에게 그 자리를 빼앗겼다. 더욱이 요즈음은 휴대전화 문자메시지에 가위눌린 상태이다. 아니 컴퓨터의 E—mail에 의하여 '확인 사살'된 처지이다. 문화의 변화나 현대문명의 가속도를 탓하는 것은 아니다. 그러나 단시간에 끝나는 전화나, 재빠른 손놀림으로 전달하는 문자메시지와 컴퓨터 통신에는 내면의 육성도, 참회도, 되새김도 있을 수 없다. 거기에는 가을 편지가 가지는 고유한 '깊은 곳에서의 우러남'이 존재하지 못한다.

오늘 오후에는 벤치에 앉아 낙엽이 날리는 공원을 바라보면서, 혹은 나무 둥치에 기대고 앉아 알록달록 단풍을 바라보면서 편지를 쓰자. 저녁이라면 더 좋다. 텔레비전은 켜지 말자. 책상이든 식탁이든 불을 밝히고 편지를 써보자. "가을엔 편지를 하겠어요./ 누구라도 그대가 되어 받아 주세요./ 낙엽이 쌓이는 날……" 콧노래를 흥얼거리면서 그리움의 텃밭을 일구어보자. 2007. 10. 15

'수능'의 심장에 화살을 쏜다는 절규

58만의 젊은이들이 대입수능시험을 본 지 일주일이 지나간다. 그들은 기성세대의 길고도 집요한 '일방향 강요'하에 짧게는 2, 3년간, 길게는 12년 이상 통제받는 인고의 시간을 끝낸 것이다. 모든 신문과 방송에서는 전날의 예비소집부터 시작하여 시험 당일의 현장 스케치, 시험 다음날 몇몇 학교와 학원의 가채점 결과 발표, 이어지는 예상 등급 분포 전망과 전국 대학 모든 학과나 학부의 응시가능 등급 등으로 며칠간 호들갑을 떨었다.

이런 소용돌이 와중에서 우리는 다시 한번 우리 사회의 서글픈 자화상으로서 적자생존의 논리나 강자의 지배논리, 혹은 획일적 논리와 이분법적 논리를 접하게 된다. 모든 수험생들을 시험 성적에 따라서 한 줄로 세우는 악습, 강자와 약자, 잠정적 도태자로 규정하는 언론과 사회 분위기, 어떠한 교육철학도 내비치지 않으면서 모든 대학 모든 학과(학부)의 서열을 일방적으로 정해버리는 사설학원, 그에 따라 수능성적 발표 이전부터 우왕좌왕하는 학부모와 수험생, 이 모든 것이 변하지 않는 '아, 대한민국' 교육의 현장이다.

새삼 교육이란 단어를 사전에서 찾아보았다. "지식을 부여하고 개인의 능력을 신장시키기 위하여 가르치고 지도하는 일"이라고 명시되어 있다. 그러나 지난주와 같은 우리 사회전반의 호들갑 속에서는 그 어디서도 교육의 정의에 부합하는 부분을 찾을 수가 없다. 개인의 능력신장을 위하여 가르치고 지도하는 것이 아니라 서열화한 경쟁사회에 알맞게 배치하여 살아남을 만한 후보자를 가려내는 예비 작업을 조직적으로 진행하고 있을 뿐이다.

그러나 인간이 저마다 갖고 있는 소질과 독창성은 도외시하고 오로지 수능시험이라는 편협한 한 회로의 잣대만으로 생존후보자를 가려낸다는 것은 얼마나 위험천만한 일인가. 수능성적이 낮은 사람도 우리 사회의 훌륭한 잠재력이 될 수 있지 않은가. 어떤 면에서는 남다른 독창성과 개성으로 사회의 발전에 더 많이 기여할 수 있지 아니한가.

이런 면에서 수능 당일 정부중앙청사 앞에서 '입시의 중심, 수능의 심장에 화살을 쏜다.'라는 주제로 1인 시위를 하던 한 고3학생의 외침은 기성세대에게 비수로 다가온다. 그는 수능이라는 입시제도와 대학서열화가 우리나라 교육문제의 정점에 있음을 깨닫게 되었다고 했다. "한 번의 시험으로 사람을 평가하는 이 사회가 정말 몰상식하다."고도 했다. 용기를 뛰어 넘는 무모함이 오히려 신선했다.

이제 약 한 달간 각 대학은 대학들대로 신입생 확보를 위한 총력 홍보전에 돌입할 것이다. 모두가 특성화대학이고 모두가 21세기 전문 인재를 양성하기 위한 최고의 조건을 갖추었다고 외쳐대면서 마치 저자거리에서 호객 하는 장사치들처럼 손님 끌기에 열을 올릴 것이다. 어쩌다가 교육현장도 이렇게 난장이 되었는가.

대입경쟁이나 전공 선택 그리고 졸업 후의 취업 등 모든 것이 결국은 물질만능주의 혹은 배금주의와 관련되어 있다. 삶의 질을 오로지 경제와 '부'와 연관시키지 않도록 전체 국민이 발상의 전환을 해야 한다. 교육의 문제점을 해결하는 일을 더는 늦출 수 없다. 문제점이 복잡하게 얽혔더라도 우선 한 가닥 한 가닥씩 풀어나가야 한다. 교육의 목표가 대학입시에 있는 한 우리나라의 교육은 영원히 제대로 이루어질 수가 없다.

모두가 나름대로 가치 있게 생을 영위하고 있음을 인정하는 풍토, 그 다양성이 사회를 이끄는 역동적인 힘임을 인정하는 분위기가 아쉽다. 이번 대선의 후보선택에서는 교육문제 해결방안에 초점을 맞추어보자. 경제는 결코 만능이 아니다. 2007. 11. 23

숨 고르며 돌아보는 기회

농경사회의 삶은 주거지와 농토 주위에서 이루어지는 정착민의 삶이었다. 그러나 현대의 우리는 끊임없이 이동하는 유랑민의 삶을 산다. 휴대전화기를 지니고 노트북 컴퓨터를 들고 이리로 저리로 옮겨 다닌다. 스스로 운전을 하면서, 혹은 인터넷 바다를 항해하면서.

일생도 마찬가지이다. 성장과정에서는 집안의 이사 혹은 부모의 전근과 이직 때문에 옮겨 다닌다. 사회인이 되어서는 직장에 따라 주거지를 변경한다. 자기 집 한 채를 마련할 때까지 적게는 서너 번, 많게는 십 수 번 주소를 바꾼다. 현대인이 한 해에 움직이는 공간은 한 세기 전 사람이 평생 움직이는 공간보다 더 넓기도 하다.

같은 맥락에서 현대인의 시선을 끄는 것은 정지된 아날로그 화면이 아니다. 역동적인 속도로 움직이는 디지털 동영상이다. 그래서 어떤 프랑스 철학자는 현대인의 유랑적 사유를 오로지 속도로 파악한다. 우리의 이러한 유랑적 삶은 시간을 다투는 특성 때문에 간소화·휴대화·경량화라는 '이동성 가치'를 창출하기도 한다. 그러나 유랑성이라는 현대성에 대항하는 것이 있다. 송년회가 그것이다. 송년회는 정신없이 휘돌아 흘러가는 시간의 속도에 대한 저항이다. 내대보지만 말고 돌아보기도 하자는 것이다.

직장 동료의 모임에서 시작하여 각급 학교의 동문회, 향우회, 계 그리고 가족 모임 등 수많은 이름의 송년회가 거의 매일 이어지는 12월이다. 대부분의 모임에서는 이른바 '송구영신'의 다짐이라든지 '다사다난했던 丁亥年을 띄워 보내고 희망찬 戊子年을 맞이하자'는 식의 판박이 인사말이 있은 후에 곧바로 음주가무로 접어든다.

한 단체의 관례나 그 구성원의 특성 혹은 그 자리의 분위기에 따라 송년모임을 갖는 방법에는 차이가 있을 것이다. 그러나 그 어떤 모임이든 공통된 화두인 '돌아보기'와 '내다보기'를 좀 더 진지하게 헤아리고 서로 나누어야 하지 않을까 하는 생각이다. 우리가 '지나온 길에 대한 반성'과 '나아갈 길에 대한 전망'이라는 본질적 주제를 등한시 한다면 자칫 주객이 전도되어 '염불보다는 잿밥'에 마음을 두는 잘못을 범할 수 있기 때문이다.

시간의 흐름을 날아가는 화살과 같이 직선사관으로 해석하든 아니면 끝없이 돌고 도는 순환사관으로 이해하든 우리는 시간 위에 매듭을 지어 놓았다. 한 달, 한 해, 한 세기 등 여러 이름을 가진 매듭을 통과할 때 우리는 그것에 각별한 의미를 부여한다. 왜 그럴까? 왜 우리는 단순한 연속선상을 두고 한 단계의 끝과 새로운 시작이라고 이름 붙이며 연연해할까?

그것은 지나온 시간이 아쉬워서가 아니다. 지금 이 자리가 만족스러운 때문도 아니다. 그것은 보들레르의 시구처럼 "시간은 우리의 생을 잡아먹기에/ 그 음흉한 적은 우리의 마음을 갉아먹기에" 냉혹한 시간에 떠밀리지 않으려는 욕망의 표출이다. 다시 말하면 온갖 것을 녹이며 변화의 급류로 흘러가는 시간으로부터 낙오되지 않고 함몰되지도 않으면서, 오히려 그 흐름에 몸을 실으며 갈 길을 살피려는 기획인 것이다. 시간의 마디라는 징검다리를 통하여 시간을 운용해 보려는 숙명을 향한 도전인 것이다.

지난 대선으로 정권이 바뀌는 새해이다. 벌써 언론마다 새로운 정부에 대한 기대와 우려가 흘러넘친다. 송년회 자리도 마찬가지이다. 그럴듯한 전망들이 이곳저곳에서 술안주가 된다. 홍청망청한 이벤트성 송년회 대신에, 어제와 다름없는 내일일 거라는 소극적 매너리즘 대신에, 온 길을 진지하게 성찰하고 갈 길을 분명하게 내다보는 기회가 되어야겠다. 2007. 12. 28

4
그 길 너머

21세기 환경의 변화 | 왜 '지역'인가? | 어떠한 '지역혁신'?
지역정체성 | 대전의 지역정체성 제고 | 대전 · 충청 지역정체성
패러다임의 전환 | 문화와 문화의 세기 | 지역정체성과 문화
업그레이드된 대전의 문화 지향
아시아지역과 질적 교류를 위한 지방정부의 역할 및 방향

21세기 환경의 변화

오늘날 전 세계는 세계화, 정보화라는 문명사적 혹은 사회경제사적 구조변화의 소용돌이에 휩싸여 있다. 이것은 통제사회에서 자유사회로, 닫힌 사회에서 열린사회로 변화할 것을 요구하고 있다. 국가로서 대한민국이나 지역으로서 대전도 이 물결을 거스르거나 비켜갈 수 없다.

세계화란 무엇인가. 그것은 적어도 외형적으로 자본, 상품, 서비스, 기술, 정보, 인력 등의 국가 간, 지역 간 이동과 교류가 자유롭게, 활발하게 일어나는 현상을 의미한다. 이러한 모든 물류의 이동과 교류는 법적으로 볼 때 제도적 장벽의 축소로 나타나며, 경제적으로는 지구촌 시장의 확대와 심화로 나타난다.

이 세계화는 15년 전 구소련과 동유럽이 몰락하면서, 좀 더 정확하게 표현하자면 자본주의가 일방적으로 세계 시장 질서를 지배하면서 시작되었다. 1984년 발효된 관세 및 무역에 관한 일반 협정GATT이 1994년 우루과이라운드UR 타결과 1995년 세계무역기구WTO 설립으로 이어지면서 세계 시장의 개방·확대를 요구하는 세계화가 본격 추진되었다는 것은 주지의 사실이다. 물론 그 추진 주도 세력은 미국을 중심으로 한 선진 자본주의 국가이다.

세계화는 거대한 세계 시장이라는 규모의 경제면에서 활용능력이 있는 나라에게는 기회이며 축복일 수 있다. 그러나 여건과 준비가 안 된 나라에게는 어려움이며 재앙이 될 수도 있는 것이다. 바로 그 기로에서 우리는 우리를 돌아보아야 한다. 활용할 것인가, 이용당할 것인가? 기회인가, 위기인가?

세계화와 더불어 21세기 변화의 한 축을 이루는 것이 정보화이다. 좀 더 정확히 말하면 지식정보화이다. 지식정보화 시대란 부의 원천, 새로운 가치의 원천이 지식과 정보에서 나오는 시대이다. 농경시대에는 땅을 많이 가진 사람이 부자였고 산업화시대에는 큰 공장을 가진 사람이 부자였다. 그러나 지금 세계 최고의 부자인 빌 게이츠는 넓은 땅도, 큰 공장도 가지고 있지 않다. 그는 연구소형 기업을 가진 사람이다.

지식정보화가 요구하는 것은 사회 전 분야의 패러다임의 변화이다. 돌이켜보면 인류사적 관점에서 생산체계를 바꾼 사회혁명은 농업혁명, 산업혁명, 그리고 정보혁명이다. 세 차례의 혁명 모두 정보통신 수단의 발전과 맥을 같이 한다. 농업혁명에서 비롯한 농경사회가 정착되면서 흩어져 살던 유목민들이 문명의 발상지로 모여들었고, 씨족사회에서 축적된 지식이 공유되고, 문자로 전승되었다. 그 결과 원시와 결별하고 고대, 중세, 근대로 이어지는 사회의 변화 틀을 마련하였다. 또한 증기기관과 전화의 발명으로 다양한 정보의 교류와 소통이 이루어지면서 근대까지 지속하던 농경사회가 무너지고 현대사회로 이행하는 새로운 패러다임의 산업사회가 200여 년 이상 지속되었다.

이제 20세기 말에는 컴퓨터가 생활의 중심에 서 있는 사회, 무한대의 정보가 교류되는 네트워크의 사회, 공간이라는 개념이 사라지는 사이버스페이스의 사회가 대두되었다. 불과 10여 년 남짓한 역사를 갖는 지식정보화 사회는 공간의 원근에도 불구하고 다자가 실시간으로 만나는 것이 가능한 사회, 사이버스페이스가 생활의 공간으로 등장한 사회, 인간과 컴퓨터가 교류하는 사회를 구축하였다. 앨빈 토플러가 지적한 제 3의 물결은 이미 시작된 것이다.

이에 따라 다양한 변화가 사회 각 분야에 나타났으며, 국가와 사회는 다양한 개인의 다양한 욕구를 충족시켜주어야 하는 숙제를 안게 되었다. 이 도도한 새로운 물결에 대응하는 변화를 우리는 개혁 혹은 혁신이라 부르는 것이다. 이 개혁 혹은 혁신은 사회의 모든 층위에서 구조의 재구성restructure, 재설계reengineering, 재창출reinvention, 재배치rearrangement, 재사고rethinking를 필요로 한다. 우리는 이른바 정보의 바다에 빠져서 허우적댈 것인가, 아니면 지식정보사회의 변혁주체에 승선하여 멋진 항해를 할 것인가?

왜 '지역'인가?

근대 시민사회는 절대군주의 강압적 통제에서 벗어난 자유사회였다. 반면에 현대사회는 자유의사에 의해 민주적 절차에 따라 합법적 정부를 구성하고, 대리인에게 통제권을 부여한 합법적 통제사회였다. 그러나 이 합법적 통제사회는 세계적으로 1970년대 두 번의 오일쇼크와 80년대의 불황을 겪으며 정부실패를 인정하게 된다. 이것은 현대사회의 합법적 통제, 즉 강력한 정부의 개입을 뒷받침했던 케인즈 경제론과 포드이즘이 쇠퇴하는 계기가 되었다.

그리하여 세계는 또다시 새롭게 자유를 추구하는 사회로 들어선 것이다. 이것을 근대의 자유주의와 구분하여 신자유주의라 부른다. 신자유주의는 경제적으로 시장의 원리, 시장의 지배체제를 추구한다. 그것은 정부의 규제를 없애고 자율화를 추구한다. 또한 정부의 지출을 줄이는 작은 정부를 지향하며, 정부주도형에서 민간주도형으로 민영화를 추구한다. 신자유주의는 자유시장의 세계화, 세계금융자본화, 탈산업사회화, 탈규제화, 노동의 유연성을 추구하면서 포스트모더니즘의 지식정보사회를 뒷받침한다.

포스트모더니즘은 탈중심, 다원주의, 절충주의를 지향하면서 탈산업사회에 상응하는 정치, 사회, 경제, 문화의 변화를 요구한다. 탈중심과 다원화, 시민참여와 지방자치, 상호교류와 열린사회, 지방화와 고유문화 창출 등과 같은 시대적 키워드에서 바로 '지역'이 대두한다. 지역은 이제 고유성을 무기로 시장경제에 따른 세계화의 무한경쟁 속에서 살아남아야 한다. 이를 위하여 지방자치단체가 하나의 기업가적 정부로서 세계시장에 직접 뛰어들어 독자적인 경쟁력을 확보해야 하는 것이다.

지방화가 요구되는 이유로는 중앙집권 정부의 정책실패적 요인들, 즉 산업불균형, 소득격차, 과밀—과소 도시문제 등이 있을 것이다. 아울러 중앙정부의 획일주의적인 경향으로 지역의 특수성을 상실하여 다양한 욕구를 수용할 수 없게 되었다는 점도 빼놓을 수 없다. 또한 21세기 세계화, 정보화 사회가 지역스스로의 경쟁력을 요구한다는 점도 중요할 것이다. 지방화는 구조적으로 지방자치의 활성화이며 내용적으로는 지방분권에 다름 아니다.

지방화는 이미 21세기의 생존전략이 되고 있다. 경쟁력 있는 국가가 되기 위하여 경쟁력을 갖춘 지방정부가 반드시 필요하다. 세계적으로는 한 국가의 특수성이, 국가적으로는 각 지방의 특수성이 경쟁력을 갖추는 도구로 사용되어져야 할 때인 것이다.

어떠한 '지역혁신'?

세계화와 지식정보화는 문명사적 변화이기 때문에 성공적으로 살아남으려면 정치, 경제, 사회, 교육 시스템과 의식, 사상 등 전반적인 변화와 개혁이 요구된다. 혁신이야말로 우리가 선진국에 진입할 수 있는 키워드이다.

이 혁신을 극대화하기 위하여 우선, 전 세대의 압축성장과 급속성장을 이끌던 '관'주도의 정책을 버려야 한다. 오히려 '민간 주도—관 지원'방식으로 바뀌어야 한다. 이를 위하여 '민'과 '관'이 가지고 있는 정보와 지식, 인적·물적 자원을 총동원하고, 효율적으로 배분하고, 생산적으로 활용할 수 있도록 해야 한다. 즉 기업과 연구소, 대학과 시민사회 그리고 지방정부가 수평적으로 교류하고 지원하는 이른바 '민관협치'가 필요하다.

둘째, 지방정부도 지역의 비전과 목표를 올바로 수립할 수 있는 능력, 그것들의 달성을 위하여 전략과 정책을 올바로 세울 수 있는 능력, 그 전략과 정책을 효과적으로 추진할 수 있는 능력, 추진한 정책의 성공과 실패의 교훈을 통해 같은 실패를 반복하지 않는 능력을 갖추어야 한다. 장기적인 비전이나 올바른 목표를 세우지 못하고 단기적인 포퓰리즘, 즉 대중인기영합주의나 외형상의 성과주의에 지역정책이 좌지우지되어서는 안 되겠다.

이를 위하여 지역 내에도 지역 나름의 싱크탱크를 많이 구축해야 할 것이다. 이론에만 능한 것이 아니라 실무에도 능하고 국내외 현장경험까지 갖춘 정책세력(교수, 연구원, 전문 공무원)을 키워야 한다. 글로벌 스탠더드나 코리언 스탠더드에 무지하고 어떻게 세계화에서 경쟁력을 갖겠는가.

셋째, 21세기 지식정보화 사회는 새로운 지식과 정보를 얼마나 많이 생산해 내는가에 따라 부의 수준 즉 생산성 수준이 결정된다. 선진국이나 선진도시는 세계 최고의 대학과 최첨단 연구소, 지식집약 신성장산업을 많이 가진 나라나 도시이다. 이를 위하여 지역 내에도 고도의 선택과 집중을 통해 어느 한 학과나 어느 한 단과대학, 아니면 어느 한 연구소나 어느 한 중소기업이라도 세계 최고의 것이 되도록 투자하고 키워야 한다.

넷째, 오늘날 인류가 추구하는 보편적 가치는 자유, 평화, 생태라고 볼 수 있다. 국가나 사회 발전의 궁극적인 목표는 개개인의 자유로운 삶을 보장하는데 있으며, 그 누구도 전쟁과 테러 혹은 쿠데타나 혁명의 반복을 원하지 않을 것이다. 이와 함께 인류의 미래와 행복을 담보하는 것이 생태, 친환경이다. 이것은 단순한 환경보호의 의미를 넘어 지구의 생명력 복원을 목표로 한다.

오늘날 우리는 전과 비교할 수 없는 속도로 기후에 영향을 주고 바다를 오염시킨다. 또 이에 비례하여 숲과 개펄, 생물종과 문화가 말살되고 있다. 파괴력의 규모와 속도가 이렇게 엄청난 적은 없었다. 한 마디로 지금 우리 눈앞에서 자연의 생명부양체계가 붕괴되고 있다. 도시는 무엇인가. 도시하면 떠오르는 것은 물량주의와 속도전, 공동체의 해체, 인간성 말살, 높은 담, 자본의 논리, 슬럼, 실업, 빈곤, 공해와 오염, 범죄와 폭력, 마약, 등이다. 말하자면 도시는 반자연적이고 반생태적이다. 반면에 생태적 자연 속에서는 인간과 인간 외적인 모든 것이 상호 존중의 상황에서 평화로운 공존을 도모하므로 인간정신이 꽃핀다. 온전한 생태계에서는 인간의 삶을 의미 있게 하는 자연과의 접촉이 유지된다. 따라서 인간적humanism이 되고, 가족 간의 유대가 생기고, 공동체가 보존되며, 생물학적 다양성뿐만 아니라 문화적 다양성이 소생한다. 도시 발생 이전의 공동체를 떠올려보면 답은 분명하다. 따라서 친환경적이고 생태적인 지역혁신은 절대적이다.

지역정체성

일반적으로 정체성이란 개인이나 집단이 지니는 원래의 모습, 혹은 지니고자 하는 성향으로 정의된다. 이 정의는 대단히 중요한 점을 시사한다. 즉 정체성이란 과거의, 기존의 것만을 의미하는 것이 아니라 미래지향적인 모습도 포함하고 있다는 사실이다. 비록 추상적이긴 하지만 정체성이란 지나온 과거와 나아갈 미래의 융합이다. 그것은 프루스트가 『잃어버린 시간을 찾아서』에서 말한 심층의 자아moi profond와 표층의 자아moi superficiel가 변증법적으로 만나는 교차점이다. 지역정체성도 마찬가지이다.

지역정체성은 다른 지역에서 빌려오거나 흉내 낸 것이 아니고 중앙정부를 비롯한 여타 상위단체에서 요구된 것도 아니다. 그것은 자생적으로 축적된 것이면서 지역발전을 위한 기본적인 노력이다. 지역정체성은 지역민 개개인의 개별 정체성과 상호 긴밀한 영향관계를 주고받는다. 그러므로 지역정체성 확립은 지역민의 삶을 제고하려는 노력과 직결되며, 지역의 사회, 경제, 문화적인 삶의 지표들을 향상시키기 위한 정책적 과제의 설정방향 역시 지역의 정체성 확립과 발전과 궤를 같이 한다 하겠다.

지역정체성을 이야기 할 때 내부적으로는 동일성sameness을 중심으로 삼고 외부적으로는 개별성oneness을 잃지 않는 범위에서 이들을 함께 다룬다. 그것은 동일성 측면에서 보자면 다양한 변화에도 불구하고 기본적인 그 어떤 것은 변하지 않는다는 영속성continuance과 그 불변의 원인이라 할 수 있는 여러 환경적인 동화감assimilability을 충분히 반영하여야 한다는 말이다. 또한 개별성 측면에서는 기존하는 내부적 동일성에 대응하는 특이성uniqueness, 우월성excellence, 특수성specificity, 차별성differentiability과 같은 특성들을 고려하여야 한다는 말이다.

요컨대 지역정체성은 지역주민들이 느끼는 자신들에 대한 개별의식이나 집단에 대한 공통의식을 말한다. 이때 이러한 정체성을 동원하는 과정이 이른바 사회자본화이다. 지역정체성과 사회자본화는 신뢰받는 지역사회지도자에 의해 운동으로 승화될 수 있으니 이를 지역사회공동체운동이라 하겠다. 어쨌든 정체성 발굴에 대한 노력은 개체나 집단에 있어 인간소외의 극복이자 친화의 증대를 의미한다. 따라서 이는 삶의 질 구현이라는 사회의 궁극적 목표와 직결된다 하겠다.

대전의 정체성 제고

개인도 마찬가지이지만 대전이라는 지역이 대한민국 내에서 또 나아가 세계 속에서 정상으로 나아가려면 자기 자신을 스스로 지도하는 자기지도력self-leadership을 필요로 한다(윤석철 2005). 자기를 지도할 수 있는 능력은 자기 이미지self-image의 정립에서 출발한다. 자기 이미지의 정립은 이어서 목표를 향한 자기 동기부여self-motivation를 유발한다. 이 동기부여는 목표설정과 이를 향한 열정적 노력을 수반하는 법이다. 따라서 대전의 정체성 확립은 대전의 미래발전과 궤를 같이 한다.

대전은 1905년 경부선 철도의 개통에 이은 호남선의 분기라는 역사적 사건에 의지하여 발달한 것이 사실이다. 그 후 인구의 유입이 급속하게 이루어져 오늘날의 광역시를 이루었기에 대전의 토박이조차도 대부분 100년 미만의 거주 역사를 갖는다. 말하자면 신생도시의 이미지가 강하다.

과거의 대전은 뿌리 없는 신도시에서 시작하여 1960~70년대의 교통과 물류중심지를 거치고 1980년대에 접어들면서 교육 및 학술중심도시, 연구 개발 특화도시의 면모를 갖추었다. 그러나 앞서서 언급했듯이 진정한 특화 없이 좋다는 선 따라가고 보지는 백화점식 나열 정책은 대전의 발전이나 정체성 정립에 도움이 되지 않는다. 그러므로 지금까지 축적한 위상, 효율적인 교통여건, 과학기술의 연구개발 인력자원, 풍부한 물류 등과 같은 성장잠재력을 바탕으로 미래지향적, 선진도시의 정체성제고를 위하여 제안한다.

첫째, 대전의 정체성은 대덕연구단지와 유성의 대학교들을 중심으로 지식정보산업, 첨단과학기술의 연구 개발 특화도시로 나기야 한다. 한국의 실리콘벨리가 되어야 한다. 이를 위하여 온천, 관광, 문화, 영상과 같은 난전식 특화는 버리거나 유보함이 옳다.

둘째 연구 개발 특화와 연계하여 연구 성과와 개발 내용을 교육하면서 차세대 인재를 키우는 대학도시, 학원도시에서 정체성을 찾아야 한다. 대덕벨리의 인프라와 산재한 대학교는 미국의 버클리나 영국의 옥스퍼드에 뒤지지 않는 여건을 형성하고 있다. 이제는 단순히 중부권의 중추를 벗어나 세계적인 일류가 되어야 한다. 이를 위하여 선택과 집중은 반드시 필요하다. 필요하다면 단 몇개의 분야만이라도 세계 최고로 키워야 한다. 그러한 분위가가 형성될 때 정책적 싱크탱크도 가능할 것이다.

셋째 도시 면적의 절반 이상을 차지하는 개발제한 녹지공간을 보존함으로써, 대전의 중심을 관통하는 3대 하천을 살림으로써, 120여 킬로미터에 달하는 대전 둘레 산, 숲을 활용함으로써, 생태도시로서의 정체성을 구현하여야 한다. 자연의 생명력 복원과 친환경은 21세기가 지향하는 화두이다. 대전은 전통산업기반이 적어 친환경적 탈산업화에 오히려 유리하다.

끝으로 대전은 어느 지역보다 앞서서 공동체주의 도시가 되어야 한다. 오늘날 우리는 극단적 개인주의와 집단적 권위주의의 피폐에 시달리고 있다. 과잉 개인주의는 무질서, 가족해체, 학교붕괴, 도덕적 해이, 정신적 황폐 등을 동반하며 지역공동체의 결속과 연대를 무너뜨렸다. 또한 집단적 권리주장과 책임회피, 부분이익을 위한 전체이익의 희생 등으로 공동체가 마치 약탈의 제물로 사라지고 있다.

대전은 정책적 뒷받침 하에 가족, 지역사회, 시민사회라는 공동체의 목표와 가치를 공동 성찰하고 공동 탐구하여야 한다. 확인된 공동 목표를 달성하고 가치를 실현하기 위하여 공동으로 참여하고 공동으로 책임을 져야 한다. 그리하여 자발적 질서voluntary order와 절제된 자유bounded autonomy가 충만한 대전이 되어야 할 것이다. 이것은 가정과 학교에서 지역사회와 시민사회로, 나아가 범국가를 넘어 종국적으로 지구촌공동체로까지 발전해야 할 이상이기도 하다.

대전 · 충청지역 정체성

충청지역의 정체성은 우선 역사적으로 볼 때 선비정신으로 구현된 충忠이라는 글자에서 찾을 수 있겠다. '충'이란 천하의 커다란 근본인 '中'을 마음에 품는 것으로 대공무사大公無私, 즉 모두에게 공정하고 올바르며, 사사로운 이득을 위해 마음을 이리저리 바꾸지 않는 정신이다. 이러한 정신적 전통에 따라 아는 바와 같이 가정 이곡, 목은 이색, 고청 서기, 구봉 송익필, 사계 김장생, 신독제 김집, 동춘당 송준길, 우암 송시열, 명재 윤증, 추사 김정희, 면암 최익현 등 헤아릴 수 없는 유학의 고봉들이 면면히 배출되었다. 또한 이순신과 김옥균, 김좌진, 윤봉길 등 애국지사의 수도 엄청나다. 우리 고장을 나타내는 충효와, 절의정신, 예의정신이 모두 천하의 근본을 마음에 품은 충忠에서 비롯된다고 하겠다.

그렇다고 충청지역에 과거만 있는 것은 아니다. 90년대 이후에는 천안 아산권 개발을 필두로, 서북부인 서산 당진권에 최첨단 IT산업단지와 철강, 자동차 공장들이 속속 들어왔다. 더구나 도청 이전 예정지인 홍성과 예산, 세종시로 정해진 행정복합도시 주변이 신도시로 개발되기에 충청남도는 도시와 녹지공간이 조화를 이루는 새로운 미래지향적 정체성을 요구하고 있다. 특히 지난해 16개 광역자치단체 가운데 수출입 대비 최고의 흑자라는 기록이 보여주듯 충남은 이제 단순한 농촌이 아니다. 서해안 고속도로 개통으로 인한 관광, 장항선을 따라 확장되는 최첨단 산업, 천안까지의 전철, 금산의 인삼과 한산의 모시와 같은 농업특성화 등이 혼합된 '도농공동체', 선비사상과 최첨단 산업이 대표하는 '고금의 공존-공동체'로 정체성을 정립해 나가고 있는 것이 오늘의 충남이라 하겠다.

대전의 경우는 좀 다르다. 신생도시로 시작한 대전은 1960~70년대까지 교통과 물류중심지를 거치고 1980년대 이후 교육과 학술중심도시, 연구·개발특화도시의 면모를 갖추었다. 대전은 그동안 축적한 위상과 성장잠재력을 바탕으로 미래지향적, 선진도시의 정체성을 만들어가고 있다.

우선, 대전의 정체성은 대덕연구단지 연구소와 대학교들을 중심으로 지식정보산업, 첨단과학기술의 연구/ 개발 특화도시에서 찾을 수 있다. 또한 연구 성과와 개발 내용을 교육하면서 차세대 인재를 키우는 대학도시, 학원도시로서의 정체성, 생태복원과 친환경을 지향하는 생태도시로서의 정체성을 말할 수 있겠다. 또한 다양한 지역 출신의 시민들이 모여 융합하는 공동체주의 도시가 대전이라 하겠다. 2007. 1. 5

패러다임의 전환

정보화시대에는 토지, 노동, 자본이라는 생산수단보다 지식이나 정보가 가치창출의 원천이 된다. 정보화라는 '제 3의 물결' 의 가속도는 엄청나서 21세기에 접어들면서 또 다른 새로운 물결을 일으키고 있다. 인류의 상상을 초월하여 질주하고 있는 기술발전의 속도 덕분에 우리는 이미 단순한 정보화시대를 뛰어넘어 첨단기술혁명의 첨단기술 집약시대로 접어들고 있는 것이다.

첨단과학기술은 인간의 사고, 인간관계, 사회, 문화를 송두리째 변화시킬 것이다. 첨단과학기술을 토대로 한 이른바 6T산업은 경제구조를 변화시키고 생활양식을 바꿀 것이며 전혀 새로운 미래를 열어줄 것이다.

오늘날 과학기술과 문화예술의 만남, 융합현상을 퓨전fusion, 컨버전스convergence, 하이브리드hybrid 등으로 이야기 한다. 이것은 시대적 유행이 되어 퓨전 음식, 퓨전 음악 등 새로운 문화형식으로 자리를 잡아가기도 한다. 컨버전스 역시 기술적 술어이지만 동시에 문화현상이다. 여러 가지 첨단 기술이 모이고 융합하는 것이 컨버전스이다. 이러한 기술의 융합이 기술을 한 차원 업그레이드 시키고 새로운 기술을 낳으며 근본적으로 사회문화를 변화시킨다.

굳이 홍성욱의 『하이브리드 세상읽기』를 떠올리지 않더라도 오늘날 많은 학자들이 창의성의 근원으로 '잡종hybrid'의 개념을 동원한다. 그동안 '잡종', '떠돌이', '짬뽕', '잡탕', '박쥐' 등으로 폄하되던 개념들이 새롭게 조명되면서 '노마드'나 '하이브리드'는 경계를 넘나드는, 즉 다른 문화와 다른 사상들과 자유롭게 소통하며 새로운 가능성을 발견할 수 있는 방편이 되고 있다.

서로 다른 사고, 개념, 아이디어, 기법, 방법론, 경향, 사상의 만남은 혼란이 아니라 오히려 창의성의 근원이 될 수 있다. 학제간의 연구가 시작된 것은 이미 한 세대 전의 이야기가 되었고, 오늘날에는 분업보다 협업이 중요해졌고 한 가지 기능보다는 다기능 멀티플레이어가 중요하다. '분야'라는 용어의 높은 담은 빠르게 서로의 벽을 허물면서 경계를 없애고 있다. 경계를 넘나드는 포스트모더니즘의 세계도 일종의 '문화적 컨버전스'와 맥을 같이 한다고 할 것이다.

컴퓨터와 정보통신기술의 발달로 새롭게 나타난 대표적 패러다임의 변화가 '유비쿼터스ubiquitous 컴퓨팅'이다. 유비쿼터스란 신이 시공간을 초월해 존재하듯이 컴퓨터가 어느 곳에나 존재하는 환경을 일컫는다. 이 유비쿼터스 사회에 맞는 것이 바로 디지털 컨버전스이다. 디지털 컨버전스에서는 휴대성portability, 편재성ubiquitity, 용량capacity, 호환성interoperability, 조작성control 등이 중요하다. 이러한 개념들은 모두 이전 세기까지만해도 의미를 지니지 못했었다.

결국 기술융합이 새로운 문화를 빚고 있는 것이다. "기술이 문화를 변화시키다."는 마르크스의 단언은 오늘날에도 설득력을 갖는다. 아날로그 기술은 아날로그 문화를 낳고 디지털 기술은 디지털 문화를 낳는다. 마찬가지로 컨버전스와 유비쿼터스 기술은 컨버전스와 유비쿼터스 문화를 낳는다. 그러므로 문화 변화의 트렌드를 읽어야 한다.

문화와 문화의 세기

21세기는 문화의 세기이다. 오늘날 일상대화, 정치담론, 학술·예술담론 등을 두루 아울러 '문화'라는 말처럼 많이 쓰이는 키워드는 드물다. 그럼에도 불구하고 문화의 개념과 의미영역은 모호하다. 전통적으로 문화의 개념은 "정서적, 지적, 육체적 향락활동의 표현으로 예술, 문학, 학문, 스포츠 등으로 나타나는 삶의 특수한 양식과 그 질"을 지칭하는 협의의 것이었다. 하지만 오늘날에는 넓은 의미로 "작거나 큰 인간 공동체에 고유한 삶의 양식이나 그 총체적 장치"를 가리킨다. 즉 문화란 어떤 인간집단이 하나의 생활공동체를 이루며 살아가는 가운데 만들어 낸 모든 것이다. 여기에는 의식주 및 언어 풍속 등이 모두 속한다. 이러한 의미에서 인간은 필연적으로 문화적 존재이다.

그러나 21세기에 문화가 부각되는 것은 '문화가 삶과 사유의 방식'이기 때문이 아니다. 그것은 문화가 고부가가치의 원천이 되고 새로운 성장동력이 되기 때문이다. 즉 문화의 경제적 가치 때문이다. 오늘의 경제는 토지, 자본, 노동 기반의 고전 경제, 즉 굴뚝경제가 아니다. 사람이 결정적인 '창조적 경제'이다. 여기에서 가장 중요한 것이 문화이며 따라서 문화산업이 '창조 산업creative industry'이 되는 것이다.

6T 중 가장 지식집약적이고 창조적인 기술은 바로 문화콘텐츠이다. 문화가 산업과 결부되면서 부가가치의 새로운 원천이 되고 있기 때문이다. CT는 고부가가치를 창출하는 첨단기술로 각광받고 있고 문화콘텐츠산업은 미래산업으로 부상하고 있다.

문화콘텐츠는 신조어이기 때문에 아직 학자마다 사용자마다 개념과 정의가 다르다. 하지만 대체로 "문화콘텐츠란 문화의 원형original source, archetype 또는 문화적 요소를 발굴하고 그 속에 담긴 의미와 가치(원형성, 잠재성, 활용성)를 찾아내어 매체on-off line에 결합하는 새로운 문화의 창조과정이다. 현재 문화콘텐츠 분야가 새로운 응용학문 분야로 주목 받을 수 있는 배경이자 특성은 '다학문의 통합성과 다양한 문화가치의 창출, 그리고 시공을 초월한 활용성'이라고 정의할 수 있다."라는데 동의하고 있는 듯하다.

즉 문화가 공유되는 상징과 규범의 체계라는 고전적 의미에서 벗어나, 사람들의 '실천practice'을 통해 끊임없이 생성되며, 재확인되고, 변형되고, 부인되는 것이라는 것이다. 문화콘텐츠는 이러한 문화의 역동성과 가변성을 끊임없이 포착하고 시험한다. 그리하여 문화콘텐츠는 다양한 문화가치의 창출기반인 동시에 현실적

적용과 구현이라는 활용성을 본질로 한다.

문화관광부에서는 문화콘텐츠를 애니메이션, 캐릭터, 게임, 음악, 영화, 영상, 방송, 디지털, 콘텐츠, 광고 등 10개 분야로 규정하고 있으며, 문화산업기본법에서는 출판, 음반, 미술품 및 전통공예품, 공연, 영화 및 비디오, 방송, 광고, 게임 및 멀티미디어 콘텐츠, 문화재 관련사업, 캐릭터 등으로 분류하고 있다.

이질적인 줄로만 알았던 문화예술과 과학기술이 서로 만나더니 이제 불가분의 관계를 맺었다. 고부가가치를 창출하는 문화산업일수록 과학기술의 의존도도 더 높다. 화려한 무대장치, 특수조명, 컴퓨터그래픽이나 특수효과 같은 영화의 포스트프로덕션은 문화예술의 가치를 드높이고 있는 첨단과학기술의 예이다. 기술과 문화 혹은 예술은 평행선을 달리는 것이 아니라 한 방향을 향하여 수렴하고 있다. 이런 의미에서 21세기는 과학기술의 시대이면서 동시에 문화의 시대이다.

가령 영화 「타이타닉」은 18억 달러, 「반지의 제왕(왕의 귀환)」은 10억 달러 이상의 수입을 올렸다. 『해리포터』는 조안 롤링이라는 영국의 무명작가를 돈방석 위에 앉히고 2005년 세계 552번째 갑부로 만들었을 뿐만 아니라 영화 「해리포터」가 올린 매출액은 20억 달러가 넘는다. 어디 그뿐인가. '해리포터' 캐릭터 역시 천문학적 수익을 가져왔다. 한국의 대표적 퍼포먼스 「난타」는 국내 전용관에서 총 4300여 회의 공연으로 110만 이상의 관중을 모았다. 매출액은 약 29억 원이 넘었고 관람객의 80%는 외국인 관광객이었다.

지역정체성과 문화

자연의 변화는 비교적 느리고 고정된 자연법칙을 따라 이루어진다. 반면에 문화적 변화는 상대적으로 빠르고 거의 예측할 수 없을 정도로 급격하게 이루어진다. 오늘날 정보화와 세계화가 몰고 오는 상황변화의 속도는 기술적, 정치적, 경제적, 문화적인 차원에서 변화의 한계를 넘어 이제 혼돈의 수준에 있다.

똑같은 변화지만 이런 변화는 서양문화권에서는 자연발생적인 성격을 띠고 있어서 정체성의 주체적 성숙과 확장을 뜻한다. 하지만 그 변화가 우리 같은 비서양문화권에서는 서양문화를 추종하는 것이기 때문에 지니던 전통문화 혹은 정체성의 약화나 폐기를 의미한다.

정체성의 상실은 자존심에 상처를 주고 고통을 남긴다. 주체성 상실은 자아상실이며 그것은 문화적 죽음이기도 하기 때문이다.

정체성 없이 자신의 실존적 존재의미를 찾을 수는 없다. 급격한 변화와 혼란의 와중에서 정체성 확립에 대한 요구가 절실하게 대두하는 것은 바로 이런 이유 때문이다. 이런 맥락에서 한 20여 년 전부터 '한국의 정체성'과 '한국인의 정체성' 그리고 '지역의 정체성'에 대한 의식, 그것의 재발견, 재평가의 문제제기와 논쟁이 발전적으로 진행되어 왔다.

그러나 개인의 정체성이든, 집단이나 사회의 정체성이든, 그것은 변하지 않고 영원히 존재하는 고정된 본질로서의 실체가 아니다. 그것은 살아있는 존재이다. 즉 끊임없이 변화하는 변신의 과정에 있다. 따라서 중요한 것은 전통의 복구나 원형의 답습이 아니다. 오히려 그것들을 변화하는 상황에 맞추어 주체적으로 부단히 반성하여 재구성하고 재창조하는 능력일 것이다.

다시 말하자면 개인의 경우나 집단의 경우, 정체성 혹은 문화정체성은 주어진 여건에서 가장 바람직한 삶이란 무엇인가를 고민하면서 개인적 차원 혹은 집단적 차원에서 고안해 낸 독특한 삶의 전략적 기술에 지나지 않는다. 삶의 전략은 삶의 과정에서 얻은 독자적 경험과 지혜에 다른 문화의 다른 지혜, 다른 경험을 배워 융합시키며 변증법적으로 형성하는 것이다.

한국문화는 예를 들어 단군이라는 한 영웅이 그 원형을 만드는 것이 아니다. 한국문화는 중국과 일본, 그리고 근대에는 서양과 자주 접촉하면서 그들의 문화를 한국 고유의 지리적 여건과 역사적 경험에 맞추어 전용한 결과이다. 문화적 정체성은 엄밀한 의미에서 정체성 즉 변하지 않는 동질적 존재가 아니라 문화적 잡탕이다.

이런 점에서 대전은 문화적 정체성 확립에 오히려 유리하다. 과거보다는 미래지향적retrospective가 아니라 prospective이기 때문이다. 새로운 문화에 적극적으로 동참하여, 때로는 다양한 문화를 대담하게 개방적으로 전용하여, 그 속에서, 아니 그 과성에서 이 세계문화를 구성하는 독특한 하나의 '문화소'로서 대전의 문화적 정체성을 창조하면 되는 것이다.

파리, 런던, 베를린, 로마 등과 같이 역사성과 문화적 인프라가 축적되어온 도시에는 그들만이 가지는 독특한 문화적 공간이 내재한다. 결국 이러한 문화공간들은 하나의 관광자원이라는 흐름으로 이어진다. 그러한 도시들에서는 현실의 일상공간이 이미지를 생산하고 그 이미지가 레저와 관광을 통하여 문화공간과 자본의 소비공간으로 자연스럽게 변신한다.

그렇다면 그러한 문화적 인프라가 없는 대전의 경우에는 무모하게 외부인이나 외국인들의 관심을 끌어들이려고 해서는 안 된다. 정확하게 표현하면 그래도 소용없다. 우선 시민과 같은 내부인들이 문화예술적 소양과 관심을 키우고, 지자체 차원에서 이를 북돋우기 위한 장기적인 투자가 선행하여야 한다.

업그레이드된 대전의 문화 지향

오늘날 세계화와 지방화라는 모순같은 역설이 'glocalization'으로 융합되면서 지역의 중요성과 지방정부의 혁신이 요구되고 있다. 특히 신흥도시로서 'new metropolitan' 대전은 어느 도시보다도 새로운 정체성 확립을 동시에 요구받고 있다.

어차피 대덕연구개발특구와 행정중심복합도시를 발판으로 혁신클러스터를 추구해야 하는 대전이기에 지식집약산업 중에서 '문화산업'을 중심으로 패러다임의 변화, 문화의 개념, 문화와 지역정체성을 연계하여 전략을 수립하여야 한다.

고부가가치의 문화산업은 문화적 토대 없이는 불가능하다. 그러나 문화적 토대란 것이 하루 이틀에 이루어지는 것이 아니다. 프랑스나 이탈리아의 명품 브랜드나 특정 도시 자체의 브랜드 역시 하루아침에 이루어진 것이 아니다. 이들 나라는 문화산업의 가능성과 잠재력을 앞서 내다보고 적극적인 지원과 투자를 해온 나라들이다. 우리도 적어도 문화에 관한한 장기적인 지원과 투자가 있어야 할 것이다. 아울러 고유한 우리지역의 문화 정체성을 찾기 위한 노력을 지속적으로 펼쳐야 할 것이다.

예를 들면 최근 들어 광주는 민주화운동의 도시요 비엔날레의 도시로, 부산은 수산해양 도시요 국제영화제의 도시로 자리매김하고 있다. 대전은 어떤가? 진정 양반의 도시이고 선비의 도시인가? 아니다. 대전은 신도시로서의 특성을 살리면서 과학 도시로서 문화정체성을 구축해 나가야 한다. 이와 연관된 '사이언스 페스티벌' 같은 것을 전시민의 참여 속에 특화, 전문화시켜 나가야 하는 것이다.

또한 국제도시에 걸맞은 준비로써 '문화다양성 도시' 혹은 '문화다양성 축제' 같은 것도 지속적으로 기획해볼 수 있을 것이다. 사실 우리나라에는 8쌍 중 1쌍이 국제결혼을 하고 외국인 산업연수생과 불법노동자가 늘어나면서 이미 수십만의 아시아계 외국인이 살고 있다. 대전도 예외가 아니다. 그러나 이들의 문화와 언어를 받아들이고 유지하는, 경우에 따라, 배우는 장이 전혀 없다. 어느 도시도 마찬가지이다. 예컨대 동구나 중구 등에 남아도는 동사무소 등을 활용하여 필리핀/ 베트남/ 캄보디아/ 중국/ 몽골/ 태국/ 방글라대쉬/ 파키스탄 등의 문화센터를 만들고 이를 거점으로 다문화가 늘 살아 숨쉬는 대전을 만든다면 얼마나 멋진 대전의 정체성이 담보될 수 있을까.

'가만히 두는 문화' 즉 있는 그대로의 자연을 보전하는 문화가 필요하다. 대전은 다른 대도시에 비하여 상대적으로 난개발이 덜한 도시이다. 이러한 장점을 살려 생태도시로서, 있는 그대로를 보호하는 도시문화, 인간과 자연이 어울리는 도시문화를 만들어 가면 좋을 것이다.

아시아지역과 질적 교류를 위한 지방정부의 역할 및 방향

세계화와 지방화glocalization의 대두

오늘날 우리는 세계화, 국제화, 개방화라는 문명사적 혹은 사회경제사적 구조변화의 소용돌이에 휩싸여 있다. 이것은 통제사회에서 자유사회로, 닫힌사회에서 열린사회로 변화할 것을 요구한다. 세계의 다극화와 경제의 글로벌화는 복잡하게 급변하는 국제 정세에도 불구하고 바뀌지 않는 도도한 흐름이 되었다.

이와 시기를 같이 하는 포스트모더니즘은 탈중심과 다원주의, 절충주의를 지향하면서 탈산업사회에 상응하는 정치, 사회, 경제, 문화의 변화를 요구했다. 탈중심과 다원화, 상호교류와 열린사회, 시민참여와 지방자치, 지방화와 고유문화 창출 등과 같은 시대적 키워드에서 바로 세계화와는 별도로 지역 혹은 지방이 대두한다.

이러한 지역중심주의 혹은 지방화는 이미 21세기의 생존전략이 되고 있다.

이때 지역이란 단순한 공간개념이 아니다. 지역은 하나의 살아 있는 생명을 가진 유기적 복합체이다. 따라서 지역은 단순하게 구성원끼리의 정치, 경제 공동체가 더 이상 아니다. 지역은 여러 가지 스펙트럼의 환경과 다양한 사회 계층과 고유한 문화가 구성원들의 복잡한 관계 속에서 혼재하는 유기체 시스템인 것이다.

경쟁력 있는 국가가 되기 위하여 경쟁력을 갖춘 지방정부가 반드시 필요하다. 세계적으로는 한 국가의 특수성이, 국가적으로는 각 지방의 특수성이 경쟁력을 갖추는 도구로 사용되는 때인 것이다. 이에 1991년 노르웨이에서 열린 '국제 지방자치단체 연합회'에서는 "Thinking Globally, Acting Locally"라는 슬로건을 내걸고 세계화와 지방화의 융합을 도모하기 시작했다.

국가와 국경, 국적의 의미가 점차 쇠퇴되고 세계화시대에 맞는 국가발전의 새로운 패러다임으로 국가 중심주의를 탈피하는 현상이 벌어졌다. 이는 곧 국가와 지방, 기업, 민간 등이 모두 국가발전의 다원적 주체가 되는 것을 의미한다. 지역은 이제 고유성을 무기로 시장경제에 따른 세계화의 무한경쟁 속에서 살아남아야 한다. 이를 위하여 지방자치단체가 하나의 기업가적 정부로서 세계시장에 직접 뛰어들어 독자적인 경쟁력을 확보해야 하는 것이다.

지방자치단체의 국제교류 현황과 문제점

따라서 90년대 이전까지 정치적, 경제적 관심을 중심으로 이루어지던 국가차원의 국제교류는 문민정부에 접어들면서 지역 대 지역의 교류, 민간차원의 교류로 국제교류의 활로를 바꾸어가고 있다. 지방자치단체간의 교류가 지역의 발전을 가져오고, 그것은 결국 국가발전에 이바지한다는 논리가 확산된 것이다.

한국지방자치단체 국제화재단의 자료에 따르면 2007년 10월 현재 우리나라의 모든 지방자치단체들이 국제교류를 위하여 비슷한 규모의 아시아권 지방자치단체들과 자매결연이나 우호교류 협약을 체결한 경우는 약 460여 건이 넘는다. 그러나 자세히 들여다보면 중국과 일본의 자치단체와 체결한 것이 400건이 넘는 반면, 타이완을 비롯한 베트남, 타이, 인도네시아 등 동남아시아권과의 협약은 60여 개에 불과하다. 특히 서남아시아나 그 외 다른 대륙의 도시와 자매결연이나 우호교류 협정을 맺은 것은 거의 손꼽힐 정도이다.

물론 한·중·일 3국은 오랜 이웃으로서 정치, 경제, 문화 등 모든 면에서 상호 영향을 미치며, 때로는 긴장관계 속에서, 때로는 우호 친선관계 속에서 역사를 발전시켜 왔다. 따라서 동북아시아의 지방정부간 협력이 이 지역의 정치적 상호 신뢰와 경제 협력에도 중요한 의미를 지닌다는 것을 부정하지는 않는다. 한·중·일 경제 규모는 전세계 GDP의 약 20%에 이르고 있음을 간과할 수 없기 때문이다. 그러므로 어떤 면에서 오히려 한·중·일 3개국 지방정부간 교류는 동북아시아의 평화, 안정, 발전 그리고 협력에 더욱 능동적이고 더욱 적극적인 역할을 수행해야 할 것임은 분명하다.

하지만 우선 국제교류의 외연 면에서만 생각을 해 봐도 아쉬운 점이 한두 가지가 아니다. 지금 세계인구는 65억을 향하여 나아가고 있고 아시아권만 해도 40억을 헤아린다. 그러나 우리가 교류의 길을 터놓고 있는 상대는 불과 얼마인가. 중국과 일본을 제외한 대부분의 나라는 특히 이슬람 문화권에 속해 있고, 그들 나라의 인구는 전 세계 57개 국, 14억 이상에 달한다. 그러나 우리는 일반적으로 이들을 도외시하고, 이들에 관하여 무지할 뿐만 아니라, 지방자치단체간의 교류라는 점에서는, 이들에 대하여 문을 닫고 있다.

동남아지역만 해도 인도네시아와 인도는 세계 1, 2위의 무슬림 국가로서 그 인구가 2억과 1억 8천에 달한다. 특히 필리핀이나 태국에도 각각 4~5백만의 무슬림들이 단단한 공동체를 이루며 살아가고 있다. 심지어 중국에는 1억 정도의 무슬림이 있는 것으로 추정되고 있다고 한다. 이들에 대한 이해와 소통의 폭을 늘리지 않고는 아시아에서의 국제교류 다원화는 요원하다.

또한 동북아 지역의 교류를 생각하면서 우리는 흔히 동북아의 끝이 '사우스 코리아'로 생각하는 잘못을 범하고 있다. 그러나 세계지도를 펼쳐보자. 어디 동북아의 끝이 한반도와 일본열도인가. 엄청난 자원이 매장되어 있고 다양한 문화와 전설, 설화가 잠자고 있는 만주, 몽골, 러시아 연해주에서 알류산열도에 이르는 자연생태의 보고, 캄차카반도 등 엄청난 지역이 사실, 동북아시아이다.

따라서 국가차원에서도 물론이지만 지방정부차원에서도 새로운 동북아 시대를 주도하면서 한국, 일본, 중국, 극동 러시아, 북한 지역을 아우르는 이른바 환동해권의 교류와 협력, 개발에 눈을 돌려야 할 것이다.

이제 지방자치단체간 국제교류의 내부를 살펴보자. 한·중·일 3국간의 교류는 상대적으로 다양한 층위에서 이루어지면서 자매결연, 문화교류, 체육교류, 유학, 여행 홈스테이, NGO 단체끼리의 교류 등, 비록 상대적이긴 하지만 비교적 활발하게 이루어지고 있다. 반면에 동남아시아 국가의 지방자치단체들과의 교류는 이들 개발도상국가들의 특성상 경제적인 면 보다는 문화적인 교류라는 이름하에 피상적으로 이루어지고 있다. 특히 산업연수생과 국내로 유입되는 유학생, 국제결혼 등으로 이른바 다문화사회로의 질적 변화의 요인으로 작용하고 있는 것이 현실이다.

지방정부 역할과 방향

이러한 국제교류의 문제점을 극복하면서 아시아국가 지방자치단체간의 국제교류를 다원화하고 활성화하는 질적 제고를 위하여 경계하여야 할 점은 무엇일까. 우선 자치단체장의 업적이나 선거 홍보용으로 교류 사업이 추진되어서는 안 된다는 것이다. 또한 소수 공무원이나 여론주도 중산층에 의하여 진행되는 형식적이고 의례적인 교류의 차원이어서도 아니 된다. 어떠한 협약이든 협약 이전에 사전 예비교류를 충분히 하고 신뢰관계를 수립한 후 결연을 맺어야 할 것이며, 결연 후에는 실질적이고 지속적인 교류가 다층적으로 있어야 할 것이다.

이를 위하여 구체적으로는 전문가, 장애우, 청소년, 시민단체 등 각계각층의 다양한 인적교류와 더불어 개인 또는 기관, 단체, 협회들이 상호방문이나 연수 등을 통해 서로의 문화를 이해하고 마음을 열수 있게끔 지방정부의 관계부서에서 기획하고 노력하여야 할 것이다. 인적교류는 상호 이해증진과 신뢰를 확보하는 데 지름길이기 때문이다.

이처럼 가능하고 쉬운 분야의 교류부터 시작하여, 학생, 시민단체, 학술대회 등의 교류가 계속 이어진다면 궁극적으로는 공동의 이해와 공동의 번영에 도움이 될 것이다. 그렇게 되면 지구재난 방지나 생태환경문제의 공동 대처, 또는 관광네트워크의 구축, 경제교류들로 심화 발전시켜 나갈 수 있을 것이다. 이러한 노력들은 결국 21세기를 살아가는 지방정부의 몫이며 국가 상호관계도 좋게 만들 것이다.

이러한 바탕 위에서 도시간 경제 발전과 산업육성 경험의 공유, 정보 네트워크 구축과 지방 기업의 정보 제공, 전문분야단체 초청과 지역의 경제 및 무역활동 참여, 기업교류나 프로젝트의 중개활동 실시와 같은 실질적 공동번영을 위한 경제적 협력도 가능할 것이다.

또한 많은 지방자치단체들이 환황해권 운운한 지 오래 되었으나 막상 앞서나가는 지자체는 없는 듯하다. 타이페이, 상하이, 웨이하이, 다이련, 남포, 개성, 인천, 당진, 군산, 여수, 광양, 부산, 후쿠오카에 이르는 환황해 경제권을 선도하려는 야심과 장기적인 전략을 갖는 지방자치단체, 이른바 '용의 눈'이 되고자 하는 지자체가 필요하다고 본다.

뿐만 아니라 위에서 언급한대로 만주, 몽골, 러시아 연해주에서 알류산열도에 이르는 광활한 지역과 캄차카반도, 일본을 연결하는 미개척지를 개척의 기반으로 삼고 미래지향적인 교류협력의 전략을 세우는 지방자치단체 혹은 대학교도 필요할 것이다. 왜냐하면 그 지역이야말로 우리의 생존과 평화번영의 핵심지역일 수 있으며, 향후 세계경제의 중심지역으로 부상할 잠재력이 있기 때문이다.

아울러 동남아의 변화에도 시선을 놓치면 안 될 것이다. 동남아는 유럽연합EU과 호주, 인도, 아프리카를 연결하는 통로이며 발판이다. 또한 일본도 베트남을 통해 중국으로 수출하고, 중국은 베트남을 통해 일본으로 진출한다. 그러니 미국도 관여한다. 어떤 면에서 동남아는 세계시장의 한 중심이 된다. 이러한 동남아시아를 단순히 관광과 결혼 문제에 국한하여 교류를 한다면 너무 근시안적 전략인 것이다.

특히 중요한 점은 우리가 생각하는 아시아의 범위를 확장시키는 것이다. 중앙아시아의 광활한 땅과 문화, 인종이 우리 지방자치단체의 교류와 협력 대상지역임을 잊지 말아야 한다. 이들 중앙아시아나 서남아시아의 이슬람권은 이미 통일신라시대 때나, 고려, 조선 초기에도 우리와 활발한 교류가 있었던 지역 아닌가. 석유를 비롯한 엄청난 재화와 문화개발의 잠재력이 있는 이들 지역과의 교류를 위한 전략이 절실하다 하겠다. 이들 지역과의 교류는 자연스럽게 북아프리카 지역으로의 진출을 허락할 것이다.

시급하고 긴요한 내향적 국제화

끝으로 내향적 국제화 또는 국내에서의 국제교류에 관심을 기울여야 할 것이라고 본다. 2007년 상반기를 기준으로 대한민국에 사는 외국인이 100만 명을 넘었다. 그러나 외국인에 대한 우리의 시선은 여전히 싸늘하고 다분히 이중적이다. "코리아처럼 인종차별이 심한 나라는 없다"는 이야기가 들린다. 더 큰 문제는 21세기 대한민국에서 인신매매성 국제결혼이 늘어난다는 점이다. 중개업자들을 통해 이루어지는 이들 동남아 여성들과의 결혼은 폭력, 성적 학대, 인격 모독, 유기, 국적취득 신청기피 등 다양한 피해사례가 접수되는 것으로 알려지고 있다.

인구 50명당 한명이 외국인인 시대니만큼 이들에 대한 사회문화적인, 그리고 제도적인 배려가 조속히 마련되어야 한다. 국가적인 차원에서 그리고 범지역적이고 범사회적인 정신운동으로 편견의 장벽을 허물고 다양성의 힘을 인정할 때 이들이 진정한 우리 이웃으로 거듭날 수 있을 것이다.

특히 지방정부나 시민단체들은 이들에게 한국어와 문화를 주입하는 것만이 아니라 이들의 언어와 문화를 인정하고 그것들이 우리 지역 안에서 가치를 가질 수 있도록 배려하여야 한다. 이들 자식들이 어머니 나라의 언어와 문화를 익히고 이것들에 대한 자부심을 느낄 때 진정한 다원화가 이루어질 것이다.

그것이 바로 오늘날 화두가 되고 있는 소통과 공존의 길이기도 하다. 여덟 쌍 중 한 쌍이 국제결혼을 하는 현 상황을 인정하고, 단일민족이니 '순수한 피' 등과 같은 닫힌 마음에서 벗어나야 한다. 하루가 다르게 전 지구촌이 열린사회로 나아가고 있고, 다양성을 인정하며 공존공영을 모색하는 21세기이다. 서로를 인정하는 따뜻한 배려가 우리 국민과 우리 지방정부의 국제화 업그레이드의 출발점이다. 2007. 10. 20

박찬인 朴贊鱗

대전에서 출생하였으며, 충남대학교 불어불문학과 교수로 재직중이다. 논문으로는 「프랑스어에 나타난 성차별」 외 다수와 저서로는 『프랑스어 역사형태론』, 『인간으로 자연으로 그 사이로』, 『우리가 만나는 풍경과 언어』, 『bonjour, tout le monde!』, 『세기가 만나는 풍경, 언어』, 『프랑스 문화와 예술』(공저), 『프랑스 문화』(공저), 『Pas à pas』(공저)를 출간하였다. 그리고 역서로 『20세기 국세박람회와 국제박람회사무국』, 『이미지 위에 멈추기』 등이 있다.

박찬인 산문집 4
숲에서 길을 찾다

발행일 2008년 8월 25일
지은이 박찬인
펴낸이 송용호
펴낸 곳 충남대학교출판부
주소 대전광역시 유성구 대학로 79
전화 042-821-6045

ISBN 978-89-7599-246-9
값 10,000원